二〇〇一年，艾德瑞安·洪在博尼塔維斯達高中的畢業照，這所高中位於聖地牙哥附近。

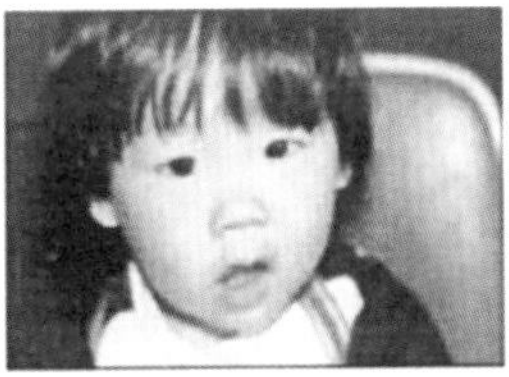

艾德瑞安在二〇〇一年高中畢業紀念冊中，有一頁是家庭照。

姜哲煥是《平壤水族館》的作者，曾談起在北韓耀德政治犯收容所的經歷。這本書啟發了艾德瑞安與一整世代的韓裔美國人，促使他們投入於協助北韓人的工作。

金日成原本是游擊隊成員，後來成為北韓第一任領袖，建立起執迷於自我依賴的獨裁政府。

金正恩與父親金正日。北韓是世上所謂的共產國家中，唯一由王朝統治的。

北韓人被迫崇拜金氏王朝的成員，將他們視為神祇。

自由北韓最早期舉辦的活動票券，時間是二〇〇五年。艾德瑞安．洪是創辦團體的領導者，而這團體後來也在世界各地的校園成立分會。

艾德瑞安懂得經營政界人脈，他和處理難民與北韓問題的美國兩黨人士都有聯繫。

脫北者通常得渡過圖們江，這裡會受到武裝守衛監視。即使抵達中國，仍有很高的機率會被發現而遭遣返。

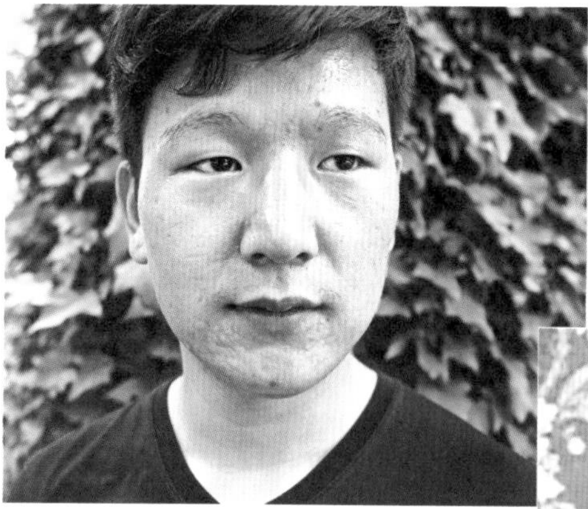

二〇〇六年，艾德瑞安營救了約瑟夫・金。後來約瑟夫搬到美國，學習英文，並公開訴說北韓政權的恐怖之舉。

艾德瑞安成為TED會員，專注於討論在北韓這類封閉社會中，科技能如何協助資訊傳播。

艾德瑞安是宣教人員的小孩，經常擔任人道救援志工，例如二〇〇四年當地政變後他去了海地。

二〇一一年的阿拉伯之春啟發了艾德瑞安。如果像利比亞這樣的國家可以起身對抗獨裁領導者，他認為北韓應該也可以。

克里斯多夫．安高中畢業後，加入美國海軍陸戰隊預備兵團，在伊拉克服役。

克里斯多夫十幾歲時父親就過世了，留下他與弟弟照顧母親與外婆。二〇一八年，克里斯多夫與在洛杉磯擔任教師的葛瑞絲成婚。

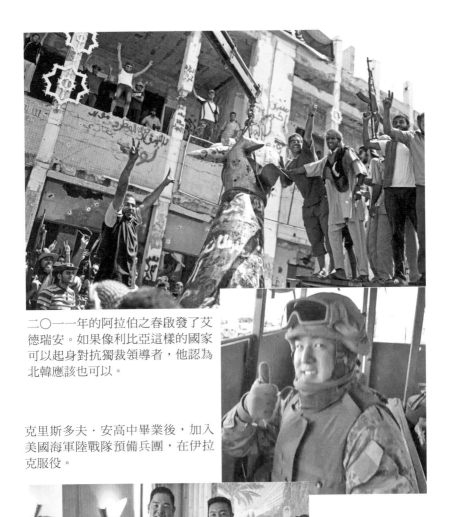

克里斯多夫首度和艾德瑞安協助脫北者的志願團體投入的重大任務，是與金韓松在台北相見，當時金韓松的父親剛在馬來西亞遇刺。

金正男是北韓第二任領導者金正日的長子，他不太有機會繼任，但仍代表可能對抗金正恩的勢力。金正男二〇一七年在吉隆坡遭人以VX神經毒劑殺害。

艾德瑞安的組織千里馬民防後來發布了一段金韓松的影片，世界各地都看得到。艾德瑞安的團隊抵達機場準備協助金韓松，在那之前美國中情局已偷偷將金韓松及他的母親與妹妹送到某個未知地點。

美國川普總統試著和金正恩達成無核化的協議，換取減輕制裁，但後來協議告吹。

北韓駐西班牙大使館坐落在馬德里綠意盎然的豪宅區，艾德瑞安的團隊設法營救其中職位最高的外交人員。

艾德瑞安帶著幾包禮物，假裝要和北韓外交人員見面。這次計畫是要和團隊一起闖進大使館，讓營救行動看起來像綁架事件。

艾德瑞安踏進大使館之後，千里馬民防的成員在外頭等候，直到他開門，團隊成員才進入屋內。

一名來自北韓大使館的女子逃到街上嚷著大使館遭到入侵，過了一個多小時，警方才來到大使館。艾德瑞安佯裝成北韓大使館成員對警方虛應故事。

克里斯多夫在洛杉磯遭到逮捕，因為西班牙當局發出引渡要求，指控他企圖綁架與攻擊。截至二〇二二年四月，法官尚未做出是否將他送到西班牙的裁定。

狙擊金氏王朝

布萊利·霍普
Bradley Hope

the true story of the secret mission to overthrow the north korean regime

조선민주주의인민공화국

臉譜書房 FS0168

狙擊金氏王朝

一群海外韓裔企圖顛覆橫跨兩世紀北韓金氏政權的驚險歷程

The Rebel and the Kingdom: The True Story of the Secret Mission to Overthrow the North Korean Regime

作　　者　布萊利・霍普（Bradley Hope）
譯　　者　呂奕欣
編輯總監　劉麗真
總 編 輯　謝至平
責任編輯　許舒涵
行銷企畫　陳彩玉、林詩玟

發 行 人　凃玉雲
出　　版　臉譜出版
城邦文化事業股份有限公司
台北市民生東路二段141號5樓
電話：886-2-25007696 傳真：886-2-25001952
發　　行　英屬蓋曼群島商家庭傳媒股份有限公司城邦分公司
台北市中山區民生東路二段141號11樓
讀者服務專線：02-250077一八；25007719
24小時傳真專線：02-25001990；25001991
服務時間：週一至週五09:30-12:00；13:30-17:00
劃撥帳號：19863813　戶名：書虫股份有限公司
讀者服務信箱：service@readingclub.com.tw
城邦網址：http://www.cite.com.tw
香港發行所　城邦（香港）出版集團有限公司
香港灣仔駱克道193號東超商業中心1樓
電話：852-25086231或25086217　傳真：852-25789337
馬新發行所　城邦（馬新）出版集團
Cite（M）Sdn. Bhd.（458372U）
41-1, Jalan Radin Anum, Bandar Baru Sri Petaling,
57000 Kuala Lumpur, Malaysia.
電話：+6(03)-90563833　傳真：+6(03)-90576622
讀者服務信箱：services@cite.my

一版一刷　2023年7月

城邦讀書花園
www.cite.com.tw

ISBN 978-626-315-323-3

售價：NT$ 420
（本書如有缺頁、破損、倒裝，請寄回更換）

獻給我的雙親，馬克（Mark）
與琳達（Linda）

看哪！全新的天地正來臨

呈現在我們眼前！

武力的時代皆已過去，

道德的年代已經到來。

——《三一獨立宣言書》，一九一九年三月

目次

作者註 07
前言 非法闖入 13
一 現成的人生 20
二 現狀依舊 28
三 穿越圖們江 48
四 瀋陽的六名脫北者 58
五 莽撞之士 72
六 飛馬計畫 83
七 自由 103
八 地上與地下 119
九 藍圖 135
十 修剪家族樹 148

十一　面對面 …… 163
十二　偷天換日 …… 182
十三　我要離開一段時間 …… 197
十四　偽綁架解析 …… 213
十五　偉大繼承者萬歲 …… 225
十六　哪個人打電話給聯邦調查局吧！ …… 240
十七　監獄版韓式泡菜 …… 261
十八　亡命天涯 …… 271
結語　代價 …… 285
致謝 …… 292
照片來源 …… 294
關於作者 …… 295

作者註

二〇一一年八月底，我從開羅搭乘聯合國世界糧食計畫署（World Food Program）的包機，前往利比亞的班加西（Benghazi）。當時正值利比亞內戰，效忠強人穆安瑪爾．格達費（Muammar Gaddafi）的軍隊與反抗軍對峙。反對派不滿政府貪污腐敗，加上受到如野火燎原的阿拉伯之春刺激，遂與政府對抗。

我來到這裡時，感覺內戰或許再過幾個星期就結束了。我們一群記者每天沿著海岸，從班加西往西開一段長長的車程，前往蘇爾特（Sirte）——最後的戰場——盼能找到反對派的指揮官，好了解最新戰況。

進入蘇爾特之前，反抗軍部隊會在城市東邊約一百四十五公里之處把我們擋下來。記者在一堆吵吵鬧鬧的作戰者之間，每天用上幾個小時進行訪談。有一天，我和同行記者克麗絲婷．齊克（Kristen Chick）準備離開時，看見一群作戰者圍成圈，他們正在放聲大笑。

我們走過去一探究竟，發現在這圈子中央出現不可思議的景象：一個十八歲的韓裔美籍大學生咧嘴而笑，這人名字是克利斯．全（Chris Jeon）。這位美國年輕人搭機到開羅，再搭火車到亞歷山大港，之後一路搭便車進入利比亞。克利斯剛在舊金山的貝萊德金融企業結束實習工作，現在正在放暑假。他穿著藍色的湖人隊運動衫，一丁點阿拉伯語都不會，但這阻止不了他一探世上「唯一貨真價實的革命」。

我回到班加西就馬上動筆，報導這位數學系出身的準反抗軍。報導才剛上線刊登幾分鐘，就引起了轟動。全世界幾百家新聞媒體轉載這消息。那天稍晚，我收到一封電子郵件，寄件者的名字我並不熟悉：艾德瑞安．洪（Adrian Hong）。

「好故事。」這位陌生人寫道，還誤稱我為「包伯」（Bob），之後又問我能否幫他和克利斯．全牽線。

艾德瑞安告訴我，他正要前往利比亞，想幫忙確保克利斯．全能夠安全回到美國的家。我以電子郵件聯絡艾德瑞安與克利斯的父親，但出於好奇，一面也開始探究艾德瑞安在網路上的蹤影。我得知，他的全名是艾德瑞安．洪．張（Adrian Hong Chang），但他都使用父親的姓氏。[1]我發現他是耶魯大學畢業的，對北韓人權議題相當熱衷積極。我深感興趣，決定另啟對話，親自和艾德瑞安聊聊。為什麼像他這樣年輕的北韓行動人士會想去利比亞？

在對話中，他以客氣而自信的方式聊到自己，且總帶有一抹神祕。他似乎和利比亞反抗軍的聯繫極為密切，好像也和敘利亞與埃及的革命分子有所牽連。不過，什麼事都還沒有頭緒。我頭一次（但不是最後一次）開始懷疑，他是真的有做事，或只是裝裝樣子？

那時我住在開羅，於當地報導整個中東的衝突事件。我知道戰爭可能像一塊磁鐵，引來各式各樣匪夷所思的人，無論他們是為了職責、出於無私利他，或者著眼於自己的利益。我起初以為艾德瑞安是假扮成商人的美國間諜，但他又有點奇特——既真實，又帶有業餘色彩；因此我一直滿腹疑問。此外，間諜不太可能去聯絡一個美國記者，這樣暴露身分的風險太高。他是否只是個想幫忙的常春藤學生，卻不掂掂自己的斤兩，只會幫倒忙？或者，他也可能是個想追求刺激的老百姓，或許比克利斯．全成熟一點，但還是一樣只是在追求刺激？又或者，他完全是另一種人，是擅自行動的特務，懷有不可告人的動機？

但有件事情我倒是很確定：這人似乎值得密切注意。

要書寫神祕的人與事，是很大的挑戰。我追蹤艾德瑞安．洪與他的活動超過十年，過去三年也花不少時間深度報導艾德瑞安與他的組織——現稱為「自由朝鮮」（Free Joseon）。我在世界各地訪問數十人，他們都有獨一無二的洞見；另外也取得未向大眾公開的文件、照片與影片，以確認故事的各個層面，並填補關鍵的細節。

我寫書向來會受到某些問題的催化，而這些問題是要力圖精準解析權力與影響力在二十一世紀運作的方式。我試著透過訴說好故事來回答這種問題。在《鯨吞億萬》（*Billion Dollar*

1 註：Hong是父姓、Chang是母姓。

Whale）中，我和共同作者湯姆・萊特（Tom Wright）試圖理解，為什麼一個年紀輕輕、裝腔作勢的馬來西亞人能騙到幾十億元，而且是在金融界監察者眼皮子底下幹出這種事；同時，他還有能耐說服政治人物、好萊塢一線紅星及數不清的人，相信他自稱是什麼就是什麼。在我的第二本書《成王之路》（*Blood and Oil*）中，我與賈斯汀・謝克（Justin Scheck）一同合作，想了解穆罕默德・本・沙爾曼（Mohammed bin Salman）這位沙烏地阿拉伯謎樣的王儲如何從默默無聞中冒出頭來，展開一趟旅程，讓這以石油致富的國度現代化的同時，一邊也把堅決反對的人物分屍，以鞏固權力、鎮壓持有異見的人。那本書試圖探討沙爾曼如何顛倒單純的協商，那是美國與沙烏地阿拉伯八十多年來的關係核心——以石油換取軍事保護——並分析其中意義。

這回促使我報導與寫作的問題，表面上看起來相當簡單：艾德瑞安・洪是誰？我想了解這位懷抱理想的常春藤畢業生如何淪落到要亡命天涯。是什麼原因讓他做了這些事？什麼因素讓他自認可以改變世界？不僅如此，一個出身平凡的公民可不可能在熱情與良善立意的驅動之下（姑且假定是善意），便與一小群合作者攜手要掀起全球政治秩序的變動，而且是在這數位監視與獨裁當道的時代？希望你在讀這本書的時候，也把這些問題銘記在心。

有件事情要先聲明。我是記者，不是歷史學家。關於韓國歷史的好書很多，那些作品對關鍵事件與角色會有更加完整詳細的說明。我盡量提供必要的歷史脈絡，但本書敘述的重心仍是當今事件與人物。希望接下來的書頁能提供洞見——無論讀者是熟稔北韓歷史，或是初次碰觸這個主題。

這本書的許多消息來源是冒著很大個人風險來與我談話的人。艾德瑞安・洪、他在自由朝鮮的夥伴成員，以及其他相關人士都承擔著生命威脅與其他種種危險在參與行動。在這本書中，我決定不對任何未被指認為團體成員的人指名道姓。我格外小心保護聯絡資訊，不讓這本書的消息來源曝光，以免留下任何痕跡給可能的行凶者，讓他們認出這些人。

最後要談一下姓名。這本書中所提到的韓國人名，是先姓後名。如果名字有多個音節（通常都是如此），則中間以連字符相連。但這並不適用於韓裔美國人，韓裔會依照西方姓名慣例。關於韓裔與其他非韓籍的個人，我通常會在後來提及時只以姓氏表示，只有艾德瑞安・洪例外。

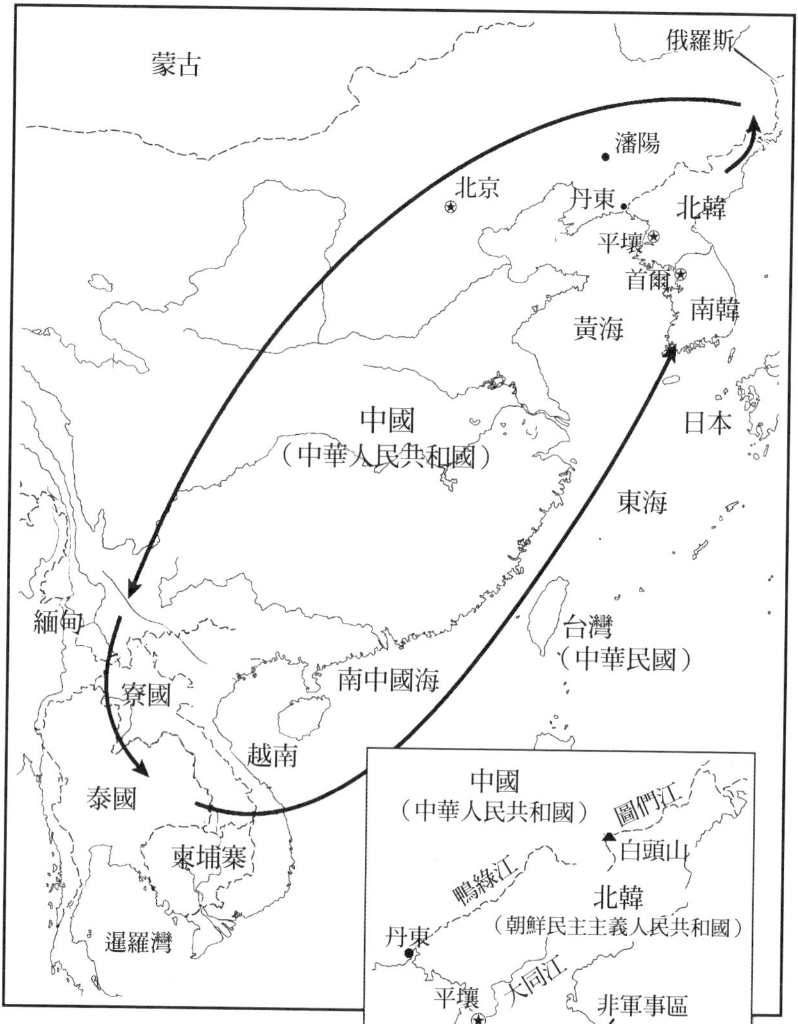
蒙古
俄羅斯
瀋陽
北京
丹東
北韓
平壤
首爾
南韓
黃海
中國
（中華人民共和國）
日本
東海
台灣
（中華民國）
緬甸
南中國海
寮國
越南
泰國
柬埔寨
暹羅灣

中國
（中華人民共和國）
圖們江
白頭山
鴨綠江
北韓
（朝鮮民主主義人民共和國）
丹東
大同江
平壤
非軍事區
日本海
首爾
黃海
南韓
（大韓民國）
日本

脫北者的逃脫路線圖

前言　非法闖入

馬德里
二〇一九年二月二十二日

冬日將盡，一個寒涼的週五下午，有個衣著體面的人帶著兩包奢華禮物，走向馬德里北韓大使館的大門，並按下門鈴。

「誰？」幾分鐘後，對講機傳來西班牙語的聲音。

「午安，我是馬修．趙。」外頭那名男子以流利西班牙語回答，他解釋自己幾個星期前來過，這回又帶了禮物要給「徐先生」，亦即大使館最高官員的名字。

大使館是一棟焦橙色的府邸，位於馬德里的瓦爾德馬林（Valdemarín）區，這是高檔地段，以公園和豪宅馳名。這間外交府邸看起來和城市中其他使館不太一樣，不那麼像辦公室，反而較像豪宅，彷彿屋主是個有錢的西班牙佬，可能個性還有點疑神疑鬼。入口大門不引人矚目，從人行道往後退縮，而使館四周樹立高牆，從馬路上看不出裡頭有什麼端倪。這一帶的人經過此處，多半會不假思索從建築物前走過。大使館很少接待訪客。

這位三十歲的北韓大使員工名叫金崔（Jin Choe，音譯），門鈴響起時他在整理花園，聽到有人提起主管的名字，就稍微開啟一道門縫。金崔看見一位面帶笑容、衣冠楚楚的亞洲人，那人身穿黑色西裝，戴著圓點領帶，頭髮梨成男子小圓髻，金崔讓他進來。「我去找徐先生。」他說，指著門內的一張椅子，要訪客坐在那等。這時剛過下午四點三十分。

金崔去尋找徐先生時，大使館牆外有位年長女子在公車站牌休息，她觀察到不同情景。要是那位使館的年輕外交人員看到這情景，就會關上大門，逃到安全之處。在大使館前門邊有另外五名男子在牆邊躲著，他們隨興穿著藍色牛仔褲，戴著太陽眼鏡。有幾人背著大型黑色背包，有幾個則蹲伏著，好像準備衝進建築物中。

金崔消失後，過了幾分鐘，自稱馬修．趙的人從長椅上起身，默默打開背後的大門。在外等待的人溜了進去。當他們跨過門檻，來到北韓的領地時，其中幾個入侵者套上巴拉克拉瓦帽這種黑色頭套，開始跑起來。他們從背包抽出手槍與手銬，以手機上的對講機應用程式與無線耳機彼此聯絡。

入侵者分頭闖進整棟建築物，對嚇壞的職員大叫，要他們趴到地上。他們以塑膠繩和手銬固定職員的手，並以塑膠袋罩住他們的頭，之後戴巴拉克拉瓦帽的男子就把大使館員工趕進一間會議室。徐先生——全名為徐燕石（So Yun-suk，音譯）——起初被拉進一間廁所，而他的妻子原本帶著孩子躲在臥室，後來被一名男子護送到樓上，沒人對母子倆加諸任何束縛。

入侵者之後逐間搜索各個房間，一面了解大使館的布局，也要確保沒人躲在櫃子裡或閒置的辦公室。大使館內住著四名外交職員、其中兩人的妻子，還有一名小男孩，但大多房間都素樸得令人吃驚。

入侵者闖進一間政令宣達室，牆上掛著宣揚北韓意識形態的海報，以及金氏王朝三代領導者的樣板照片。一九四五年，美國與蘇聯將韓國一分為二，北韓在一九四八年成立之後，就由這家族統治。外交人員必須每天在這個房間集合，朗讀宣揚意識形態的資料，讚頌其領導人金正恩，以及他的父親與祖父。他們彷彿神明，守護著這驕傲的國家免受世界各地的邪惡勢力侵犯，尤其是美國的侵犯。

大使館的入侵者沿著走廊來到一間房間。據說世界各地的北韓大使館都有這樣的房間，但恐怕沒有外國人親眼見過：這房間是情報中心，有一台電腦、一疊疊紙張，牆面鋪有鋁箔，以防西方情報機構窺探。在這裡，外交人員會透過自家的密碼系統，收到北韓上司的指令。

這群人花了僅僅十五分鐘就已掌控大使館，館區都落入他們手中，至少他們是這樣認為的。但事實並非如他們所料——對入侵者與遭囚禁的人來說都是如此。

一名北韓人質日後告訴西班牙警方，原本要把他們手腕綁起來的那個人，一開始還不知道怎麼綁，得靠團體的另一名成員幫忙。這位人質原以為對方是一群準軍事菁英，奪下了大使館控制權，但竟然連怎麼束縛都不懂，實在很奇怪。

這些飽受驚嚇的俘虜被綁起來之後，入侵者再次衝向各房間搜刮能搜刮的一切，包括USB隨身碟、兩台電腦、一支手機、文件，還有兩個硬碟，全都收到背包中。其中一個硬碟與大使館的監視系統連結，拿走之後，就表示這些人在使館內的證據被抹除了。

在其他使館職員飽受驚嚇、遭束縛在會議室之際，馬修．趙帶徐燕石進入地下室。

但這時有個問題。入侵者沒發現他們遺漏了曹善熙（Cho Sun-hi，音譯）。她是其中一名外交官的妻子，也是大使館不為人知的第七位居民。她聽見操著南韓口音的男子闖進大使館，簡直驚慌失措。

從一九五〇年以來，北韓與南韓就處於宣戰狀態，因此若與南韓人發生意料之外的互動，都可能讓人打從心裡感到恐慌。北韓人從還是學步兒的時候就被教導，美國和南韓是「食人族」，一心一意要摧毀偉大的北韓。這群人逐一在各個房間前進、踢開房門時，曹善熙就逃到她位於二樓房間外的露台。她為自己的性命擔憂，於是決定往下跳。她跌落在下方的混凝土地，摔得很重，頭腳都受了傷。

痛歸痛，但曹善熙不受阻礙，一拐一拐穿過板網球場和一扇側門，這裡有小路通往大馬路。待她抵達大馬路時，已經是四肢在地，匍匐爬著出去的。

這時，有一位健身房員工正巧開車經過。馬德里的這一帶通常氣氛慵懶，但這下子他卻看見一位臉上淌血的女子在路邊喊叫，於是車子一個急轉彎，差點撞上人行道邊緣。他停下車協助，後來又告訴警方，他認為這女子受到嚴重的攻擊。

他開車載她到前面不遠的診所，裡頭的員工馬上叫了救護車並報警。這女人處於歇斯底里狀態，痛苦吶喊著一些字眼，但是西班牙佬統統聽不懂。

警方不久就到場，他們無法判斷這名深陷痛苦的女子是從哪來的。他們設法打電話給中國大使館，卻發現她不會中文。一位醫師用Google Translate來解讀她說的話。終於，警方搞懂了；這女子來自北韓大使館，就在這條路的另一邊而已。不過她跟他們說的話沒什麼道理。

「有人進入大使館殺人又吃人，」曹善熙尖聲嚷道，「裡頭有孩子。」

鏡頭拉回北韓大使館。那群戴巴拉克拉瓦帽的人闖入建築物才剛過一小時。在這段時間，馬修・趙與同夥把職員綁起來，抓了一堆文件，還很快布好場景，拍下一段影片，片中的他們把前北韓領導者肖像往地上砸。

過了大約半小時，大使館的門鈴響起，入侵者驚訝得無法動彈。是警方。馬修．趙讓自己鎮定下來，並把「親愛的領袖」別針別上西裝外套——別針上有紅色的北韓國旗，還有金正恩的父執輩肖像；接著他朝大門走去。

他模仿官僚高傲冷漠的語調，開門面對三位戴著墨鏡的馬德里警官。他們向馬修．趙解釋，有人在街上發現一名受傷的女子，她嚷著大使館內出了壞事。

馬修．趙佯裝出官僚的冷漠，解釋說警方若想與大使館互動，必須透過適當管道，旋即關上大門。

不過，究竟是誰先打電話報警，把警方叫來大使館？入侵者急著判斷這嚴密的計畫中究竟哪裡有疏漏，後來才恍然大悟：原來漏了個人。有人逃跑了，一個他們現在才知道的大使館居住者。

現在，他們已在大使館待了超過兩小時。原本計畫是不待超過四十五分鐘的。

鈴、鈴、鈴。

忽然間，大使館的電話開始響個不停。他們想裝作沒聽到，繼續試著說服徐燕石：只要照計畫走，一切都會沒事。

但無論是誰來電，對方反正就是不停撥打，幾個小時下來沒完沒了。使館內沒有多少家具或地毯，鈴聲就在空蕩蕩的室內迴盪。夜幕低垂，戴巴拉克拉瓦帽的男子彼此對看，眼神愈來愈擔憂。

坐在地上的北韓人不舒服地挪著身體。電話鈴聲代表有救兵了，還是進一步的危險？他們頭上蒙著袋子，看不到周圍情況。

在地下室，北韓大使館的最高官員徐燕石以痛苦的表情瞪著這位自稱馬修·趙的人。

「你沒辦法保住我的安全，艾德瑞安，」他以無可奈何的口氣說，「你得離開。馬上就走。」

一　現成的人生

在集中營，人與禽獸沒有差別。或許不同的地方在於，人在很餓的時候可能會偷小孩的食物，但動物可能不會。

——姜哲煥（Kang Chol-Hwan），摘自《平壤水族館》（*The Aquariums of Pyogyang*）

紐哈芬，康乃狄克州
二〇〇二年春

湯姆．中西（Tom Nakanishi）坐在耶魯大學宿舍的書桌前寫功課，這時室友衝進門，手裡抓著一疊文章。

「你得看看這個。」室友幾乎是朝著同為大二學生的他嚷道，旋即便把文件攤在書桌上，這兩人住在貝克萊學院（Berkeley College）的宿舍。這些文章鉅細靡遺描述現實世界的北韓集中營，囚犯沒東西吃、飽受折磨、被迫執行繁重的體力勞動。

這人就是艾德瑞安．洪．張——一個未脫孩子氣、外表乾乾淨淨的十九歲男生；這時的他站在人生的巨大轉捩點。在當時，於耶魯大學貝克萊學院的哥德式磚造宿舍建築中說要改變世界，感覺沒什麼大不了，任一個學生在三更半夜的熱鬧場合都可能會說這樣的話。不過，這兩個年輕人都沒料到的，是艾德瑞安對北韓的心心念念這時已經燃起，而這份日益增長的堅持會促成數百次跨國營救難民的行動，並與世上數一數二殘暴的政權起衝突，而且就在這政權的領土上發生。

「我們得做點什麼。」艾德瑞安告訴中西；過了將近二十年，中西憶起這一刻時，腦中依然有著鮮明的印象。他感嘆，世界忽視了正在北韓發生的種族滅絕。那諷刺實在令人心痛：美國人看《辛德勒的名單》（*Schindler's List*）與《搶救雷恩大兵》（*Saving Private Ryan*）等描述第二次世界大戰的電影，總是看得淚眼汪汪，而他們卻對正在發生的集中營、法外處決與大饑荒視而不見。

其實艾德瑞安對北韓所發生的事，原本頂多抱持著看過就算了的心態，從小在加州的成長過程是如此，上了大學也是如此，一直到最近才改變。在二十一世紀初，如果未刻意觀察，隱約會覺得北韓就像古巴，是一個卡在一九五〇年代的地方。稍微多留意一點的人或許會認為，這情況是第二次世界大戰與韓戰所留下的後遺症，亦即有個家族王朝在北韓成立，由彷若卡通人物的金正日領導——這人熱愛電影與白蘭地，是世上最後幾個可怕的獨裁者，有時散發出黑暗幽默的味道。他就和龐德電影中的惡霸一樣自大狂妄，卻真實存在於現實世界。會看報紙的人或許也知悉北韓在一九九〇年代曾爆發大饑荒，知道由於北韓政府的嚴重過失，導致數百萬人命喪黃泉。他們當然也聽說過金正日在發展核武。

這些頭條新聞或許可怕，但關於北韓的新聞會大同小異，其來有自。許多所謂的北韓專家根本沒去過北韓，因為這國家對於外來者向來警戒心高。北韓實在怪異，又充滿第三世界的悲劇，對西方觀眾來說，那和世上許多地方沒有太大差異，當地的生活就是比他們經歷過的要艱困得多。

但從一九九〇年代晚期開始，到二〇〇〇年代初期，關於北韓的新報導紛紛出現，起初零零星星，後來大量湧上報紙版面。這些來自人道組織的報告與脫北者所著書籍，訴說著「隱士王國」（hermit kingdom）的黑暗生活。他們說，北韓的集中營網絡遍及全國——集中營是納粹掌控的德國與波蘭所遺留下來的產物。北韓不光是像亞歷山大・盧卡申科（Alexander Lukashenko）的白羅斯、薩達姆・海珊（Saddam Hussein）的伊拉克那樣，是由狂妄自大的獨裁者所統治的孤立國家。北韓更是一部反烏托邦小說，結合了阿道夫・希特勒的納粹黨系統性暴行。「比一九八四還糟。」二〇〇五年，英國作家克里斯多福・希鈞斯（Christopher Hitchens）在媒體投書的標題如此吶喊。

北韓的詳細境況相當駭人，但沒有多少人能理解這政權的暴行規模龐大到何種地步。艾德瑞安認為，問題癥結就在於缺乏意識。他對中西宣稱，一旦華府的政策擬定者和其他有影響力的人像他一樣聽聞細節、目睹畫面，他們就會採取行動。

在二〇〇二年，這兩位相濡以沫的大學室友和過去酸言酸語的X世代不一樣。十年前，法蘭西斯．福山（Francis Fukuyama）曾出版一本不甚光彩的《歷史之終結》（*The End of History*），這本書聲稱隨著蘇聯解體，自由民主已然獲勝。但是在前一年，艾德瑞安與中西才剛進入耶魯大學就讀兩個禮拜，伊斯蘭聖戰士就挾持飛機，衝撞紐約世貿中心與五角大廈，於是他們目睹世界在眼前改變。

早在這兩人進入耶魯校園、一起目睹美國的九一一清算舉動時，他們已在線上通訊軟體ICQ和Xanga成為志同道合的朋友——Xanga是二〇〇〇年代亞裔美國人喜歡用的社交媒介。他們都在加州長大成年，是住在以拉美裔為主的地區的亞洲家庭，兩人都渴望表達政治意見，卻還不確定到底該說些什麼。中西來自洛杉磯，艾德瑞安則是在聖地牙哥郊區長大。

在線上聊天時，艾德瑞安曾說起自己小時候住在墨西哥提華納，是家中獨子，全家在那裡住到他七歲。這段話引起未來室友的關注。他的雙親是在南韓出生的基督教傳教士，而即使全家已往北搬了幾哩，來到聖地牙哥，父母仍舊經營著提華納的育幼院。他爸爸是跆拳道高手，艾德瑞安也是。他聊天時曾取了個代號「tkdmaster001」，意思是跆拳道大師一號。

他父親開設了幾間跆拳道道館，其中主要的一間就位於博尼塔維斯達高中（Bonita Vista High School）對面。艾德瑞安是這間學校的資優生，也是校園刊物《十字軍》（*The Crusader*）的共同編輯。放學後，有運動細胞、容光煥發的艾德瑞安經常走過沙色的商店街，來到道館，而隔壁就是「超讚山姆」（Fantastic Sams）連鎖髮廊與「按摩伊甸園」（Massage Eden）。艾德瑞安從小就開始練跆拳道，已練到黑帶等級。

當年的同學不記得艾德瑞安提過北韓，但他對於自己的韓國血統很自豪。在Xanga的個人簡介中，他把生日設定在一九一九年三月一日。在歷史上，韓國人在這天曾發起抗議示威，要脫離日本的統治與文化霸權、取得獨立；這導致七千五百人死亡，受傷與遭逮捕的人數還更多。這次抗議行動是韓國社會的轉捩點，但一直要到一九四五年二次大戰結束之後，韓國才從日本統治中解放。如今在韓國，這天稱為「三一節」。

中西覺得，在艾德瑞安的故事中，這些引人矚目的元素累積出探險情懷，在深夜聊天時總能感受得到；過了幾個月後，他們才實際碰了面。

全家往北遷到聖地牙哥之後，艾德瑞安泰半時間就待在城市南邊的丘拉維斯塔（Chula Vista）。這一帶散發著低調氛圍，有棕櫚樹、商店街與海灘。艾德瑞安的個性雖然有衝勁，但偶爾也流露出南加州的出身背景，他說起話來輕鬆悠閒，儼然是標準丘拉維斯塔「小老弟」的調調。

「啊，單身漢的輝煌人生，」某個在耶魯的午後，他Xanga的專頁寫道，「坐在沙發上獨自看DVD，吃著罐頭食品，嘆口氣。」

當年艾德瑞安身邊的人回憶道，他的自信會被一股強烈的同理心平衡掉。多年後，同學仍記得艾德瑞安會留意周圍，若有人的意見被更大聲的同學淹沒，那麼艾德瑞安之後會把他們拉到身邊，讓他們知道他有聽見對方試著說什麼。即使年紀輕輕，艾德瑞安似乎也渴望著更宏大的事物，眼裡不只有他稱為家園的愜意市郊。他在高中有個摯友，日後成為他祕密工作的關鍵成員，兩人總會興沖沖聊起民權運動領袖，例如小馬丁．路德．金恩（Martin Luther King Jr.）。

艾德瑞安住在南加州一處普通平凡的社區角落，身邊盡是每天通勤到聖地牙哥的中產階級上班族。但是，因為父母帶給他使命感，艾德瑞安的教養顯得與眾不同。他父親從跆拳道道館攢來的錢，泰半投入榮耀世界宣教團（Gloria World Mission）；這是由雙親成立的慈善機構，旨在協助提華納貧苦不幸的人。一家人常開著半小時的車越過國界，去那裡度週末與宗教節日。他們家的汽車車身就以宣教團的名稱來裝飾。

父親在道館網站上引用《聖經》：「小子們哪，我們相愛，不要只在言語和舌頭上，總要在行為和誠實上。」，並說明道館是榮耀世界宣教團的「募款部門」。

後來，艾德瑞安告訴一位友人，父母在養育他時，念茲在茲就是要有好成績，但不在乎拿到好成績之後要做什麼。「我就只是個普通的孩子，上公立學校，」他告訴朋友，「我做得很好，但上大學之後，開始懷疑究竟意義何在？」

在十幾歲與上大學的第一年，艾德瑞安大多時間無法找到人生的方向。來到耶魯之後不久，他和中西開始參加阿茲特蘭奇卡諾學生運動（Movimiento Estudiantil Chicano de Aztlán）的會議；這是一九六九年成立的社會正義組織，他們對美國在九一一之後的反應進行熱烈的討論。中西的父親是這個組織的共同創辦人，幾十年前也創辦過亞裔美洲學生協會（Asian American Students Association）。

學生們討論過，在珍珠港事變之後，住在美國的日本人與亞裔美國人發生了什麼事？這情況現在也會發生在美國穆斯林身上嗎？艾德瑞安是組織中很活躍的一員。

艾德瑞安經常透露出對現況的強烈反感，不喜歡所有主題的既有成見，也不喜歡年輕人探索世界時總採取安全的選擇。對他來說，從身邊的人所付出的努力中，感覺不到意義。

他在美國線上的即時通訊軟體中，使用areadymadelife這個用戶名稱，它源自於韓國小說家蔡萬植（Chae Man-sik）一九三四年發表的短篇小說，內容描述受過良好教育的韓國中產階級缺少人生方向。這樣的情緒引起艾德瑞安的共鳴。他看見韓國人與韓裔美國年輕人隨波逐流，日子過得缺乏更深刻的目的感。

身為一個勇敢的耶魯新鮮人，他在《韓國先驅報》（*The Korea Herald*）投書，寫了一千六百字的評論，哀嘆弟兄們的價值觀低落，他呼籲海內外韓國同胞別只顧著物質利益，而是要更深入領會韓國遺產，以及曾經對抗壓迫者的那些歷史。「過去在七〇、八〇年代集體爭取民主自由的大學生，現在到哪裡去了？」他寫道，「那些有覺知、受過教育、會撼動世界的年輕人呢？都已經消失。」

這篇文章描述他學習更多關於韓國的知識、自身承襲之遺產的個人歷程，包括他臨時起意隨韓國使團前往聯合國（當然他被擋了下來）的經歷。但是，在二〇〇二年一月，年僅十八歲、是班上最年輕成員之一的艾德瑞安，寫下關於韓國的長篇大論，那時文中甚至未直接提及北韓。唯一和北韓有關的是兩韓「統一」的概念，以及南韓長久以來對抗共產黨的歷史。

艾德瑞安當時仍只是個還在尋找合適行動的行動倡議者。之後，他碰上一本書，而那將會改變他的人生之路。

二　現狀依舊

平壤
一九六八

一九六八年，姜哲煥出生於北韓首都平壤，但他雙親的成長過程多半是在日本度過。一九五〇年代晚期，在日韓僑（Zainichi Korean）——在日本殖民時期，或一九四〇年代晚期移民到日本，以求更好發展機會的韓國人——持續被灌輸北韓是社會主義天堂的宣傳。金日成曾親自發表談話，歡迎韓僑歸國，宣稱北韓會提供優質教育與體面的工作，他們都會是合法公民。他的海外僑民歸國呼籲，是由許多因素共同促成的。其他社會主義國家對北韓的援助慢慢枯竭，於是北韓希望能增強其勞動力，同時日本政府也想剔除與日本社會不合的少數民族。

有些韓僑在日本面臨種族歧視，覺得無法在前殖民者的祖國取得平等地位，而北韓承諾能給這些韓僑舒適的物質生活，並推動重建國家認同的運動，因此深具吸引力。姜哲煥的祖父母年紀輕輕就移居日本，早已靠著經營柏青哥店賺進大筆財富，在京都最高檔的社區過著富裕生活。姜哲煥的祖母是個熱忱的社會主義者，也在京都剛建立的朝鮮勞動黨分會擔任會長，她眼中見到了更高的使命感，於是說服先生回歸祖國。

在搭船回國後，姜家人驚訝發現北韓經濟之疲弱，開發程度很低。在韓戰期間，北韓遭美國空軍猛烈轟擊，但是過了十年，奄奄一息的氣氛依然徘徊不去。不僅如此，官僚系統造成的阻礙導致食物短缺，且缺乏思想自由。曾擔任游擊隊領導者的金日成提出「主體」（juche）一詞——意思是自我依賴——並把主體變成北韓的運作原則，推動政治與意識形態統一，也讓國家緊緊掐住人民生活所有層面的做法正當化。

最初幾年，這家人閉口不談北韓宣傳者在日本對他們描繪的理想與現實之間有多驚人的鴻溝。在日本被北韓中介者欺騙，實在可恥得難以承受。

姜家人之所以有辦法讓生活水準高於多數北韓人，是拜祖父母獲得政府職位之賜，以及日本親屬的贈禮。姜哲煥在房間蒐集許多水族箱，那是家族富裕的象徵，日後也成為其著作書名的靈感來源。

隨著時間過去，家族的政治優勢日益衰落。一九七七年某一天，在毫無預警之下，警方來到家中逮捕他們。姜哲煥從來沒能確知究竟是什麼原因，導致全家人被送到古拉格（gulag）[1]，但他相信是祖父的話被另一名官員詮釋為叛國所致。無論催化劑為何，他們的人生在一瞬間永遠變調。警方搜刮他家的財物，把他們送進耀德政治犯收容所二九一五號（Yodok concentration camp 2915）。他們被關在地板骯髒的房間，在危險的金礦工作，經常目睹有人因疾病與飢餓而喪命。在集中營待了十年，另外又當了五年沒有任何地位、只能勉強糊口的工人之後，姜哲煥成功逃離北韓，經由中國進入南韓。

幾年後，他把自己的故事告訴一名法國記者，那位記者寫下《平壤水族館》（*The Aquariums of Pyongyang*）。這本書在二〇〇〇年於法國出版，卻要到二〇〇一年底英文版推出後，才拓展出更廣的讀者群，後來更在國際間暢銷，共出了二十多種語言版本。

在耶魯，艾德瑞安火速讀完那本書，自覺發現了清楚、迫切的理想，他準備全心投入其中。就在把北韓相關文章攤開在湯姆．中西面前，並閱讀《平壤水族館》之後不久，身為十幾歲大學生的艾德瑞安開始想像自己能影響如此難以捉摸、好鬥，且擁有愈來愈多核武的隱士王國。

就在艾德瑞安開始埋首於北韓相關文獻時，他未來即將結識的人權調查者戴維．霍克（David Hawk）正要完成二〇〇三年的關鍵報告，其內容會揭露金正日政權廣泛的人權侵犯行為。

霍克是個人權專家，以堅毅不拔的個性馳名於世，曾記錄過一九七〇與八〇年代柬埔塞紅色高棉暴行。他擔任國際特赦組織（Amnesty International）執行董事時，該組織在一九七七年獲頒諾貝爾獎。一九九〇年代中期，霍克把注意力轉移到盧安達的種族屠殺事件，之後又把焦點放到北韓的監獄勞改營上。他泰半餘生都努力想讓大家知道，北韓數百萬人面臨何種壓迫人的環境。

二〇〇三年十月，霍克發表了一百二十頁的調查：《隱蔽古拉格：揭露北韓監獄營》（*The Hidden Gulag: Exposing North Korea's Prison Camps*），其內容使用的是囚犯證詞與衛星影像。他提出結論，認為北韓是有系統地囚禁、施虐與殺害國民，後將之遺棄。沒有來自司法當局的審判、裁決或宣判，這個執政黨就決定誰該消失，還把他們送到北韓的偏僻之處。霍克的報告在接下來一年會以不同版本公開，指控金正日政權如何大規模侵害人權，既有說服力而且也有憑有據。霍克的報告與姜哲煥等人的證詞讓北韓不為人知的虐待與囚禁文化引起全球關注。

這份報告立即在世界各地成為頭條。最引人關注的，就是霍克運用驚人的衛星影像；這些影像經過他的整理，指控因而更具可信度。

霍克的報告是由住在首爾與日俱增的脫北者社群協助完成，再由美國的北韓人權委員會

1 註：發源於蘇聯的監獄與勞改營網絡。

公開。一九九〇年代，金正日向國際救援團體開啟國門，那些團體湧入北韓，要挽救數百萬飢餓的人民。接下來幾年，北韓人民越過中國邊境逃離出走。霍克與其他學者和人權倡議者會找出這些脫北者，以了解遭受壓迫的北韓人日常生活情況及政治局勢。最駭人的主題就是集中營，有些脫北者能以親身經歷訴說裡頭令人膽戰心驚的情況。

霍克提出的結論是，北韓人正在現代世界中經歷特有的苦難。霍克記錄到的柬埔寨與盧安達種族屠殺是血腥事件，這些事件背後有出於政治與宗教因素的強大勢力，想消滅大量的人口。柬埔寨的屠殺延續三年半；在盧安達則是為期八個月的磨難。

但是在北韓，系統性泯滅人權是從一九五〇年代晚期就變得很劇烈。這是代代相傳的壓迫行徑，許多囚犯來自社會底層。北韓有稱為「出身成分」（songbun）的系統，從一九五七年開始，便在大量消除「動搖」與「敵對」階級的力量。在這套系統下，人民被分成五十一種類別，並歸類為三大類階級，這是依據每個人的背景與祖先的行為而來。其結果就像把印度種姓制度，加上約瑟夫．史達林（Joseph Stalin）依照政治結盟來無情分類社會的那種做法。要往上爬幾乎難如登天，但只要有人誣告，就會讓人墜入深淵。如果父母曾是地主、商人或基督教牧師，或曾與日本殖民者合作，那勢必會淪落到很低的地位。

北韓兩千五百萬人口中，最上層四分之一是由忠心耿耿的「核心」階級組成，能在社會上獲得最好的機會與特權。這些菁英過著某種優越的生活，可以攜帶智慧型手機，居住的公寓大樓被有些人笑稱為平哈頓（Pyonghattan）。新聞記者如果獲准進入北韓採訪，拍攝到的畫面通常就是平哈頓。「核心」階級會被鼓勵彼此通婚，以免無瑕的血統遭到玷污。他們統治著這個國家，並擔任北韓在世界各地的外交職位。

「動搖」階級約占一半人口，擔任「核心」階級的技工與勞工。這些人的生活品質若以西方標準來看，應該是底層階級的上緣——剛好能生存，偶爾會有津貼可領。他們獲准住在平壤，在官僚制度下，卑躬屈膝地工作。

至於最後一個族群是所謂的「敵對」階級，約占北韓人口的百分之二十五，他們被迫拚命工作，只能勉強生活。許多人是因為長輩遭人指控與日本占領者合作，或以某種方式反對金日成，遂淪落到這個階級。幾乎沒有人見過這些階級的人，即使是住在平壤的外國外交官員也很少獲得通行證離開城市，或自由進入北韓最貧窮的區塊。根據人權組織彙整的報告，「敵對」階級成員的住家通常沒有水電，過著中世紀農奴般的生活，勞動成果都得當成稅金上繳權力無邊的莊主，他們也得不到任何伴隨而來的服務或權利。集中營所囚禁的十萬到十二萬人當中，大部分就來自這個「敵對」階級。

霍克和脫北者談過之後，明白這不是種族滅絕，而是藉國家的力量把人的靈魂抹滅到幾乎蕩然無存。對於受困於勞改營的人來說，死亡被視為離開的簡單方法。自殺很常見。守衛會把他們趕去做更艱辛的工作，給的食物更少，直到他們的身體不再運作為止。他們精疲力盡，飢餓身亡，在來到集中營的第一天就已被剝奪尊嚴。這些囚犯頂多是部機器，得從土地開鑿煤礦、採收作物、製造產品出售到中國，以換取強勢貨幣支持國家政權。

絕大部分人民是政府的奴隸，沒有任何權利。他們存在的目的，就是讓金氏政權更有錢有權。有特權的人更能取得食物與產品，但是底層的人永遠都要擔心失去一切。

在一次訪談中，霍克告訴我，多年來令他最震驚的故事，出自一個名叫金慧淑（Kim Hye-sook，音譯）的女子之口。金慧淑十三歲時被送進第十八號集中營（「北倉」集中營），在那邊住了二十七年。她多數家人比她早四年被送進這個集中營，理由是她祖父逃到南韓。這就是執行「連坐」（yeon-jwa-je）制度。

十幾歲的金慧淑曾上學過一段時間，但她是童工隊的一員，白天大部分時間都在砍樹與蒐集木材。不久之後，她就開始在洪濟（Hong-je）煤礦工作，男人與男孩負責鑿煤，而女人與女孩則負責以桶子、獨輪車與手推車，以人力把煤礦推回地面上。

她在囚禁期間失去了父母與一個兒子。有四分之一個世紀，她與尚存的家人同住一間房，睡在地板上，蓋同一條被子。他們只吃很稀的玉米粥，並以盡力蒐集來的草葉來補充膳食。她二〇〇一年獲釋時，兄弟姊妹已弱不禁風，且被洗腦，起初甚至選擇留在集中營。

她離開之後，生活過得非常辛苦，甚至想再回北倉，卻被拒絕。最後，她逃到中國再前往南韓，遇見國際人權團體的成員（包括霍克），對他們訴說她令人心痛的故事。

金慧淑在二〇一三年曾與聯合國人權事務高級專員納瓦尼特姆・皮萊（Navanethem Pillay）談話。皮萊受到金慧淑與其他人的啟發，派人完成具里程碑意義的《朝鮮民主主義人民共和國人權狀況調查委員會報告》。

雖然霍克在二〇〇三年的報告確實闡述了北韓侵犯人權的恐怖行徑，但每當其他國家注意力被挑起時，他們的外交焦點經常都是轉往其他方面：北韓的核武。

北韓發展核武的野心，可追溯回創立北韓的金日成所抱持、擁護的政治哲學。金日成花了數十年把蘇維埃式的共產主義，與其衍生出自我依賴哲學的「主體」結合起來，成為帶有嚴重妄想傾向的國族主義系統——其中的主要成分更具古波斯文明的神話色彩，而不像現代政治：北韓這套系統認為金氏家族是能力有如超人的神祇，只有他們有資格領導祖國。

根據官方資料顯示，這位準神祇是在一九一二年出生於北韓一座不起眼的村落。一九二〇年代，年輕的金日成逃過日本占領者的束縛；當時日本入侵併吞韓國，尋求擴張日本帝國的權力。他和父母搬到中國滿洲，成為小型反抗團體的一員。北韓的神話說，金日成在一九三二年建立朝鮮人民革命軍（Korean People's Revolutionary Army），即朝鮮人民軍的先驅。先不談其他誇張之處，在一九三〇年代中期，他其實是游擊隊的成員。

一九三七年六月，一群人數約一百五十名的革命者（想當然爾，是由二十五歲的金日成領導）突襲了日本占領的公共建築，包括接近中國邊境的普天堡市（Pochonbo）警察局與郵局。金日成的地位提高，讓他後來獲得紅軍的上尉軍階，負責指揮朝鮮軍營。他會說俄語，又相對服從，故得到史達林青睞。一九四五年八月，在東京投降前幾天、蘇聯向日本宣戰時，史達林順勢讓金日成擔任蘇聯的代理領袖。或許可以說，金日成懂得善用策略，讓自己步步高升，卻又不讓人發現他在追逐名利。只是北韓落入他掌控之後，過了七十多年，他的歷史和國家的大內宣已纏結在一起，若想區分神話與事實，恐怕是相當困難的任務。

日本投降後，也結束在朝鮮半島上三十五年的占領。但是在韓人得知自己可獲解放前，國家就在北緯三十八度線遭蠻橫地一分為二，南邊由美國管，北邊由蘇聯管。二戰之後，這類決定成了許多紛爭的中心。西方人把韓國一分為二的決定實在倉促，未充分理解會帶來何種嚴重的後果。以建立兩韓的例子來說，這個決定是在一九四五年八月十日的夜晚定案的，當時美國官員夜以繼日在白宮旁的建築裡奮力工作了幾週，要趕在日本即將投降前思考對策。

兩位中階軍官查爾斯．邦尼斯蒂爾（Charles H. Bonesteel）與未來的國務卿迪安．魯斯克（Dean Rusk）肩負起任務，要和蘇聯把這個國度一分為二，這是一九四五年二月雅爾達會議上由四巨頭同意的概略計畫。由於沒有多少時間全盤思考，而且用的是一九四二年國家地理學會（National Geographic）發行的「亞洲與鄰近區域」（Asia and Adjacent Areas）地圖，他們就這樣選了北緯三十八度線——看起來可把這個國家對半均分，並把首都漢城與幾個戰俘營劃入美國區的漢城附近。史達林不太在意朝鮮半島附近的情況，遂接受這項安排，他下令地面部隊在講好的分隔線止步。

在殘暴的祕密警察首領拉夫連季・貝利亞（Lavrentiy Beria）的建議下，史達林選擇可靠的韓國人金日成擔任行政領袖，管理蘇聯所稱的朝鮮民主主義人民共和國，亦即半島的北邊。

領土交由美國與蘇聯分割，是可見於世界上多處的情況，柏林就是一例。不過，把朝鮮半島一分為二，卻讓這裡長久成為引爆點，幾乎找不到相同的例子。在分隔線兩邊的人從未接受這條界線，也不認為朝鮮半島上有兩個合法的主權國家。

一九五〇年，緊張局勢一觸即發。金日成的朝鮮人民軍先採取行動，以強大粗率的力量跨越北緯三十八度，眼看就要控制整個國家。但兩個月後，美國與聯合國派出足夠的部隊，逆轉了局勢。在這場戰爭的來回拉鋸下，漢城被攻陷四次。

北韓的陸軍部隊被趕回邊界，於是雙方進入對峙狀態，背後都有強權相挺。美國進行兩年的懲罰性空襲，以此鞏固一九五三年的最終停戰協議。美國對北韓投下六十三萬五千噸的炸藥，包括燃燒彈，相當於二次大戰期間於歐洲戰場投入的總軍火量的四成。

在過程中，由於周圍有世界強權的軍事力介入，金日成變得更加偏執，他察覺到自己掌握的權力相當脆弱。雖然「主體」的概念源自於馬列主義，但這種意識形態已隨著時間演變，北韓主張自己和其他社會主義國家不同，需要不計代價來自保，而這樣的主張變成具有正當性的法則。正因如此，世上的「社會主義」國家當中，唯有北韓是由創立者的單一血脈薪火相傳，這從馬克思政治理論來看，根本可惡至極。

憑著來自蘇聯與中國的協助，加上對經濟強力掌控，北韓到一九六〇年代仍可保持經濟繁榮。但是到一九八〇年代，由上而下控制的經濟開始停滯不前。同時，南韓政府支持幾大關鍵產業發展，包括鋼鐵、造船、化學與電子業，帶動了南韓經濟起飛。當蘇聯在一九九一年解體，以及一九九四年金日成去世之後，北韓的問題達到巔峰，發生了四年饑荒，數十萬甚至數百萬人死於飢餓。

政府宣傳者把這段時期稱為第三次「苦難的行軍」；這原本是指一九三〇年代晚期的冬天，金日成和一群反日游擊隊行軍到滿洲時，得承受饑荒與寒冬之苦。北韓人要和金日成一樣，以自我犧牲的情懷團結起來，面對逆境。他們乾脆不提饑荒完全是金氏政府治國無方造成的。

但是，北韓有加諸自我的孤立主義，因此世人往往無法理解這場災難真正的規模。北韓有很長一段時間與「隱士王國」一詞脫不了關係。這個詞現在聽起來已經不那麼耳熟能詳，其歷史可追溯回一三九二年到一九一〇年的朝鮮王朝。在中日侵略者的反覆入侵之後，朝鮮統治者採取嚴格的孤立政策，剛好吻合兩百年來的和平、文化發展與相對穩定的情況，直到十九世紀中期朝鮮才開始衰弱，也如鄰近的中國那樣陷入國內動盪與外國入侵的局面。一八八八年，《紐約時報》（*The New York Times*）一篇新聞摘要的標題寫道：「隱士王國陷入困境」，文中談到民眾俘虜政府官員，將之斬首。這家報社在整個二十世紀依然稱韓國為「隱士王國」，但是在二次大戰之後，南韓演化為超級資本主義的開放社會與經濟體，於是這個詞就用來專指北韓。

在北韓建立的最初幾十年，金日成從沒忘記有位美國將領曾要求在韓戰中以原子彈對抗北韓，因此金日成決心發展核武保護北韓，以免受外部干預、成為未來入侵者的目標。他靠蘇聯工程師在一九六〇年代初建立了寧邊原子能研究所（Yongbyon Nuclear Scientific Research Center），但就連金日成的蘇聯盟友也擔心，進一步協助會幫他打造出真正的核武。

西方情報機構後來的結論是，北韓在一九九〇年代就接受來自巴基斯坦的暗中協助，讓核能方案武器化。巴基斯坦核能工程師阿卜杜勒・卡迪爾・汗（Abdul Qadeer Khan）曾幫助自己的國家發展出大規模毀滅性武器，據信他也扮演關鍵角色，提供發展核武的技術給金日成的工程師；這些細節出自於前巴基斯坦總統的回憶錄。

到了二〇〇〇年代中期，在經過多次走走停停的過程，美國對朝鮮半島的外交政策幾乎都是致力於說服北韓放棄所有的核武計畫。不過，制裁與警告不足以遏抑金氏家族發展核武的企圖心。在二〇〇六年十月，北韓最北省分被偵測到地下爆破的動靜，而北韓國有新聞社聲稱，他們成功測試了核裝置。在接下來幾年，北韓繼續發展核武裝備，進行了一連串的核測試，並累積鈾與鈽的存量。

全球帶著警戒的眼光，看著北韓核武日益擴增，而不是關注其古拉格。在此同時，幾個團體則大聲提倡人權，包括韓國基督教徒，尤其是在美國的韓國基督教徒。在教會，例如在洛杉磯及艾德瑞安家鄉的聖地牙哥萬國教會（All Nations Church），充滿激情的牧師會舉辦讓會眾吶喊的祈禱聚會，並邀請脫北者和教會會眾見面，訴說他們的故事。

在這些牧師眼中看來，北韓是個黑白分明的議題。有人正在受苦，而設法解放這些人，乃上帝賦予他們的使命。

在朋友眼中，艾德瑞安似乎對社會正義與政治自由最有興趣。不過，與他較親近的朋友都知道，他的政治世界觀裡蘊含更深刻的堅定宗教信念。在耶魯，艾德瑞安和人聊天時，會讓人覺得他和任何大學生一樣輕鬆不拘，但實際上，他不飲酒吸毒，也不讓人覺得自己會批判這些事。

有些夜晚，他會熬夜與同樣來自加州的基督教徒康克（Cole Carnesecca）談論《聖經》對於參與人道工作的要求。康克曾協助辦理全校禮拜（All-Campus Worship），這活動是把全校的基督教團體找來，大約每個月一同進行一次大型禮拜。

他們有一次爭辯的是，教會團體能不能推動更大的運動，就像一九五〇、六〇年代的民權運動時代那樣。康克記得，艾德瑞安認為，信仰與行動主義是他凝聚出政治身分認同的兩個要素。

等到二〇〇三年秋季開學時，艾德瑞安回到學校，這時的他已徹底開始蛻變成北韓相關運動人士。他對課堂失去了興趣，全心全力投入於理解北韓這個區域及其歷史。他開始設法順應渴望，追求有意義的行動。在週間，他匆匆忙忙與東岸各校的韓國學生會同儕見面，並在沙發上過夜。他出外旅行的步調日益緊湊，朋友們會看見他帶著莫名的興奮，回到耶魯。

艾德瑞安卯足全力，閱讀關於北韓的書籍，也會突然打電話給專家，從不害臊。有一天，他打電話給吳孔丹（Kongdan Oh）。她是美國國防分析研究所一位仁慈的學術人員，有強烈的道德感，會向美國官員報告韓國的事務，而艾德瑞安就詢問她關於北韓的事。

如果任何人對吳孔丹深切關心的主題有興趣，她會當場即興幫對方上一堂入門課。她向艾德瑞安說明這國家的歷史，以及和平之路上遇到什麼複雜問題——不光是美國念茲在茲的核武；她認為，這些複雜的問題導致北韓政府的政策是維持現狀，並對全世界關起大門。

這世界是由西方國家所主導，西方國家會推動政權更迭，但在這樣的世界裡，核武確保了北韓的安全，因此無論在任何情況下，北韓何必放棄這張王牌？吳孔丹告訴艾德瑞安，無論何種交易或協助，都不值得金氏政權冒著失去掌權力的風險。協商不會有任何斬穫。這種理解讓艾德瑞安印象非常深刻。

艾德瑞安有張娃娃臉，年紀也比多數同學小一歲，因此他走訪各校園，聯繫各個韓國學生團體時，會習慣穿上正式服裝，這樣看起來比較成熟。他在面對這些團體時愈來愈能侃侃而談，有時在談論北韓的演講中，還會找韓國歌者與舞者助陣。

他的理想日益宏大。他的家人與童年摯友都住在加州，於是在一趟返回加州的旅程中，艾德瑞安嘗試了新概念，想成立全國性的新學生團體。在其中一趟旅程，他與同為韓裔美國人的保羅．金（Paul Kim，簡稱ＰＫ）見面。ＰＫ比他年長八歲，是個單口喜劇演員，也是韓裔美籍藝人選秀大賽平台「韓國合作」（Kollaboration）的共同創辦人。ＰＫ曾到耶魯展開校園活動，兩人都關心亞裔美國人的政治議題，因此志同道合。他們也都熱衷於Xanga。艾德瑞安告訴ＰＫ，他計畫創建一個全國性的學生組織。

兩人有一次相約在威爾榭大道（Wilshire Boulevard），來到韓國城一間購物中心二樓的韓式無國界酒館閒聊。ＰＫ告訴《紐約客》（*The New Yorker*），他們抬頭一看，發現酒館名稱叫作「Blink」。

這家酒館的名稱給了他們靈感，兩人為學生組織想出名稱：ＬｉＮＫ，是「解放北韓」（Liberation in North Korea）的縮寫。這個字代表較為激進的立場，但是聽起來頗順耳。[2]後來，艾德瑞安採納了其他學生的意見，讓名稱低調些，變成「自由北韓」（Liberty in North

Korea），雖然他在個人觀點中還是納入解放的概念。

二〇〇四年，耶魯大學舉辦韓裔美籍學生會議（Korean American Students Conference，簡稱KASCON），來自全國各地有數百位學生共襄盛舉。艾德瑞安是籌辦活動的委員會成員，在為期數天的活動中安排許多來賓演說。

在這次會議中，艾德瑞安的朋友PK和許多韓裔美籍的卓越人士都有參與。對許多參與的學生來說，這會議是校園內的年度盛事，能幫他們尋找身分認同。在開幕活動中，統一旗於會場飄揚——這面白底旗子上有藍色的朝鮮半島圖形——傳達出韓國人的一體性。對許多亞裔美國年輕人來說，韓裔美籍學生會議感覺活力充沛，彼此包容。韓裔美籍學生會議「接納我們，有時候比課業或工作還要重要，我認為對艾德瑞安來說就是如此。他和我們多數人不同，從未放下過這個集會。」一名曾參與會議的友人說。

二〇〇四年的韓裔美籍學生會議有將近八百名學生參與，許多人都深受「自由北韓」的想法吸引，而講者分享脫北者故事時尤其能啟發他們。學生們也看到了一部尚未完成的紀錄片片段，裡頭播出在饑荒時期，營養不良的孩子在尋覓一丁半點的食物碎屑，看了著實駭人。

2 註：LiNK也有連結的意思。

一想到自己的出身之處面臨這種情況，實在是挺可怕的，許多參與會議的人也益發希望能做點什麼。在活動結束時，艾德瑞安已找到願意一起和他投入心力的與會者，他們要在全國各地的校園成立自由北韓的新分會。他處於有利地位。大家對北韓人權危機的意識在擴散，至少在知識界是如此。

在韓裔美籍學生會議舉辦前一個月，即將因為談論二十世紀蘇聯古拉格而獲頒普利茲獎的安．艾普邦姆（Anne Applebaum），於《華盛頓郵報》寫下激烈的社論，在奧斯威辛集中營（Auschwitz）解放六十週年之際，她討論起北韓議題。

「我們自以為是地搖頭，深信若我們在那裡的話，就能早一點解放——只是，我們竟然看不出現狀依然如舊。」她寫道，繼續描述一部關於北韓的新紀錄片中令人膽戰心驚的證詞。過了幾十年後，「我們必然會發現，在二〇〇四年，北韓集中營已有許多事情廣為人知，」她寫道，「各個人權團體、南韓教會、古怪的記者與間諜所蒐集的資料，加總起來會構成相當精準的一幅圖像，可說明這個邪惡政權多令人髮指。我們也可以看出，有些事早該著手進行：南韓政府早該提出方法，美國政府早該開啟外交管道，中國早該施予壓力。」

自由北韓剛成立時雖說鼓舞人心，卻也缺乏組織。艾德瑞安善於訴說這項運動的宏大理想，但是組織的實際運作機制，例如提高大眾意識與募款，則是由各大學校園分會中較有組織的跟隨者來處理，前文提到的康克就是其中之一。

至於全國性的組織則需要費時討論較大議題，而全國層級的領袖則包括艾德瑞安及一位年輕女子，她將會成為自由北韓在活動期間的關鍵人物。這女子叫漢娜・宋（Hannah Song），是來自紐澤西的韓裔美國人。她是紐約大學的學生，也深受《平壤水族館》啟發。幾個月前，在韓裔美籍學生會議聽到自由北韓這個組織之後，她就誓言協助自由北韓，成為艾德瑞安的合作夥伴，為全國各地的分會制定議程。

漢娜・宋的家族就和美國許多韓裔一樣，家族曾經歷過北韓悲劇：她的祖母在韓戰之前逃離平壤，盼能在不久之後與先生及兩個孩子團圓。但是戰局一直很艱困，最後釀成永遠無解的僵局之後，她就和家人斷了聯繫。心碎的她在漢城住下來，成立新家庭。

美國各地的自由北韓分會在早期有一項重要活動：放映二〇〇四年的紀錄片《漢城列車》（*Seoul Train*），片中解釋了宛如地下鐵路（Underground Railroad）[3]的志願者網絡會克服萬難協助北韓人逃脫，以及有時候脫北者尋找庇護，卻以失敗告終的悲劇。

這部紀錄片曾提到強而有力的例子：例如外交部七人事件（MoFA Seven）[4]，以及在二

3 註：指十九世紀美國用來幫助非裔奴隸逃跑的祕密網路與庇護所。

4 註：這是指有一群七人的北韓難民以正式管道向北京的中國外交部申請庇護，但最後仍遭遣返。

〇〇二年，北韓的金韓美（Han-mi）和家人設法闖進日本駐瀋陽領事館一事。

金韓美事件中，這家人接近領事館大門，門外有中國警方看守，而兩名男子衝進去，留下兩名女子與三歲的女孩金韓美與警方打鬥，並被壓制在地。這五人全部被交給中方，但由於引起全球高度關注，因此五人獲准前往南韓，而不是面臨中國對付脫北者的常見辦法，將人遣送回北韓——中方常稱他們為「經濟移民」。

在韓裔美籍學生會議後不久，康克就看見艾德瑞安開始翹課，沒有在耶魯上平日的課程。康克這時提高警覺，扮演起監督艾德瑞安腳踏實地、專注課業的角色，以免艾德瑞安遭到退學。他固然想休學，但是康克說服他完成學業，取得學位。到這時，艾德瑞安一週會走訪三所校園，週五和週末會設法成立新的自由北韓分會，但他也已心癢難耐，覺得這熱忱的組織並不足夠。

在二十一世紀，大眾意識日漸受到稀釋，變得零碎，因為新危機、災難與人道問題時時發生，似乎大同小異。有時，朋友會觀察到艾德瑞安完全耽溺在自己的思維中，之後又突然出現，提出新想法或解方。

這些想法之中，有一項成為艾德瑞安念茲在茲的新焦點：繼踵《漢城列車》片中人物的腳步。艾德瑞安要親自營救北韓人。但他從來沒去過中國，更缺乏在緊張環境下協助難民的第一手後勤知識。他得展開一趟勘查之旅。

「我沒辦法談論沒見過的事。」艾德瑞安這樣告訴一名親近友人。

三　穿越圖們江

天父啊，我將雙手伸向您，不知何處還能有援手；若您要離我而去，啊！我該何去何從？

——脫北者約瑟夫・金（Joseph Kim）珍愛的基督教讚美詩

中國，丹東
二〇〇四年十一月

二〇〇四年九月，在自由北韓全國各分會，一份特殊的徵人啟事在會員之間開始流傳：

如果你（或你認識的人）有興趣、意願且準備好至少以一年的時間，自願待在東亞不知名的國度（亦即不是南韓、日本或中國），請寄電子郵件。

警告：環境條件可能很惡劣，工作皆為無償，並不光鮮亮麗。韓語必須流暢，最好略懂中文……非常、非常有心投入的應徵者才可申請。

這份徵人啟事是艾德瑞安寫的，雖然他尚未從耶魯畢業，但是雄心壯志早已從校園行動主義的畛域滿溢而出。

同一年稍晚，二十歲的艾德瑞安率領團隊，初次到中國探路。他和一小群自由北韓的成員搭機到北京，這些人背著背包、戴著棒球帽，往北韓邊界前進。這趟初次遠征只是實地調查的性質，但即使如此，能有機會站在棕色河水緩緩流動的圖們江畔，親自目睹占據著他思維與想像的土地，依然讓艾德瑞安感到強烈的情緒襲來。看見全副武裝的中國軍人在機場與國界巡邏，他暗自想著：「哇，太真實了。」

艾德瑞安向自由北韓的成員回報，這趟遠征已碰上某些「千鈞一髮」的情況。「這裡的情況比我們想的還糟得多。」他在二〇〇四年十一月寫道。

他們透過日漸擴增的網絡來安排與行動人士及宗教領導者見面，這些人就在中國經營著祕密庇護所。對於庇護網路的老手來說，艾德瑞安和他的年輕夥伴代表一股注入營救北韓人任務的新活力，也代表有新的資金來源。

自由北韓的團隊成員花了不少時間和脫北者談話，取得他們的證詞，並估量他們對冒險出國的旅程有多大的興趣。他們另外只剩一種選擇，就是過著躲在地下的祕密人生，永遠冒著被發現與遭遣返回北韓的風險。艾德瑞安經常會問他們想不想到美國，而許多人認為這想法太荒唐，簡直和提議到月球一趟差不多。

這些脫北者以韓語向年輕的自由北韓學生訴說自己的經歷，聽起來令人尤感心痛。有個孩子冷靜解釋，他母親已餓死，父親則在集中營。一名年輕女子則解釋自己如何從北韓偏鄉一位農夫身邊逃離，多年來，那人囚禁她還屢屢性侵她。

就艾德瑞安與同行者而言，這趟旅程讓他們清清楚楚理解到，要逃離北韓，並沒有多少路可走；一旦逃離，接下來要去哪的選擇也不多。若從地圖上來看，直接越過邊界到南韓，看起來是取得庇護最明顯的路。依法來說，南韓會立刻給予任何北韓人一份通行證，因為南韓長久以來都自認是唯一合法的韓國政府，其管轄權遍及整個朝鮮半島與鄰近島嶼。

但現場的實際情況是，想通過邊境根本是癡人說夢，南北韓邊界尤其危險。一九五三年七月二十七日，一名來自聯合國的代表和一名來自共產黨的代表簽下九份停戰協定，劃定停火線，於是就有了一百六十哩長（約兩百五十七公里）、二點五哩寬（約四公里）的非軍事區緩衝這兩個國家。北韓動用龐大的軍事部署，以數以千計的武器瞄準南邊。就算哪個人有幸接近邊界，也會立刻遭到射殺。二〇一八年，這邊有許多地雷移除了，但還是有重重鐵絲網，以及大批軍人在瞭望塔上駐守。

非軍事區還有其他怪異之處，其內部是中立區，稱為「共同警備區域」，南北韓軍人會帶著隨身武器面對面站著。在北邊，北韓會以擴音器大聲播放宣傳；而在南邊，脫北者會化身為行動人士施放氣球，那些氣球帶著反金氏政權的手冊及食物飛向北方。在一九八〇年代，南韓在此樹立一根三百二十三呎高（約九十八公尺）的旗竿，上頭掛著巨幅國旗，北韓則以五百二十五呎高的旗竿回敬（約一百六十公尺），那次對峙後來稱為旗竿之戰。非軍事區數十年來都沒有人類活動，反倒成為稀有與瀕危物種的家園，例如白枕鶴及亞洲黑熊。

在南韓這邊，若透過高倍數雙筒望遠鏡觀察，或許會瞥見北邊有一座村落，稱為機井洞（Kijong），這裡有色彩繽紛的混凝土建築，清道夫也會定時出動。但分析者從邊界把鏡頭拉近，會很快發現這些在一九五〇年代興建的建築物裡是空的，沒有人住，是現實生活中的波坦金村莊（Potemkin village）。[1]

由於非軍事區內極度緊張且盤查詳細，因此幾乎所有脫北者偏好的路線，都是穿越北邊的中韓邊界。然而穿越這條國界也有危險，只是原因截然不同。中國政府的立場：不能把離開北韓的人當成難民來看待，因此應該速速逮捕、遣返。中國政府無視遭遣返者幾乎定會被

1 註：這是俄國女皇凱薩琳大帝的時代，在一次前往新取得的領土克里米亞訪問時，擔任克里米亞總督的波坦金以粉刷一道新的外牆，讓凱薩琳大帝誤以為這個地區非常富足，後來專指營造虛假形象的建設。

扔到勞改營忍受多年懲罰的下場。

對於住在偏鄉地帶的人來說，到北韓邊界可能相對容易。偏遠地區看守人力較為零星。中韓邊界有很大部分沿圖們江和鴨綠江相互毗鄰，冬季會結凍。在更接近城市的地方，邊界兩邊都有人巡守。在北韓這邊，如果被發現越界，會馬上被送到囚營。在中國這邊，則會被立刻送回北韓坐牢。北韓的邊界守衛如果認為哪個人越河太遠，就會朝對方開槍，導致想在此洗衣沐浴的居民飽受驚嚇。

如果想安全離開中國，難民就必須找個地方藏身，恢復力氣，之後找個值得信賴的人護送，帶他們到旅程的下個階段——只是一樣危險。志工團體就在這時登場。這些團體通常是由基督教組織贊助，會在中國境內的北韓邊界安排庇護所網絡。

這些網絡中，有些是由一位人道工作者主導——這人是福音派牧師提摩西．彼得斯（Reverend Timothy Peters）。艾德瑞安起初是在二〇〇五年遇見彼得斯，那時自由北韓的團隊剛從中國實地勘查回來。他們相見時，彼得斯已在首爾經營「韓國援手」（Helping Hands Korea）這個組織將近十年。

彼得斯是在一九七〇年代初抵南韓，這些年來，他的活動主要牽涉到兩種不同角色：大聲抨擊北韓侵害人權，並親自安排類似地下鐵路的網絡，每年協助數十位脫北者。而以第二種角色來說，彼得斯認為祕密與絕不公開是關鍵要素。要助人逃脫，就必須沒有什麼人討論他們在做什麼，這樣成功機會才最大。

彼得斯並非在中國結識艾德瑞安，他在二〇〇四年底一趟前往美國東岸的旅程認識此人；那一次，他同意為布朗大學的自由北韓分會演講。彼得斯在艾德瑞安身上發現「某種奇特之處」——這年輕人有卓越的能力，能提高大學生對北韓的意識，並說服他們：即使侵犯人權的是隱密、封閉、獨裁國家，但他們仍有能力改變如此龐大又難以捉摸的對象。「能讓年輕人關注北韓人權是很稀奇的。」彼得斯憶道。

關於北韓的政治論述變幻莫測，焦點多集中在核武與高度的外交賭注，頂多會導向逐步漸進的改變或許能改善北韓實際狀況這樣的主題。在彼得斯及志同道合者的眼中看來，核心事實只有一個：北韓人民在受苦，理當得到幫助。

彼得斯早就知道，進行救援要非常低調。離開中韓邊界地區會需要志工網的協助——中國非營利組織會在檯面下運作，基督教志工、西方人與韓國人也是。最困難的部分之一，是讓脫北者離開街道，以免被中國當地人舉報當局，或者被隨時都會出現的中國執法單位逮個正著。一旦彼得斯或其他行動人士認出脫北者之後，就會帶脫北者躲在某個住家或庇護所，通常讓他們能吃飽穿暖，並能得到訓練，以應付下個階段的旅程——他們得在中國長途旅行，再穿越一次國界，而一路上會有勇敢無畏的嚮導帶路。

逃脫北韓的人常會冒險犯難，穿越結冰的乾草原進入蒙古，之後從蒙古登上飛機，飛往南韓。更常見的是往西南邊，花幾天甚至幾週的時間從東北往西南貫穿中國，靠著搭火車、巴士與計程車來到雲南。他們從這邊翻山越嶺，進入寮國或緬甸，再前往泰國，期盼這些國家有飛機把他們送到首爾。在穿越中國的途中，隨時隨地都可能有中國公安瞥見可疑人物——這樣的人一輩子從未有和現代運輸、社會或科技互動的經驗——然後逮捕他們。其他風險還包括碰上暴力罪犯，會趁著脫北者在最脆弱的時候搶劫或性侵。

在歷經前往中國的旅程，以及和彼得斯等行動人士會面之後，這項任務的絕大部分都留給艾德瑞安與自由北韓的核心成員深刻印象。他們急於想出新策略要協助脫北者，並給予庇護所金援。這些設施實在不理想——有時候，脫北者得待在室內好幾個月，不見天日、無法活動——但這種種卻都是地下鐵路的重要環節。

二〇〇四年十月出現了重大契機。當時小布希總統（George W. Bush）簽署了《北韓人權法案》（North Korean Human Rights Act），其關注焦點是「北韓人權的可悲情況。」該法案是經過部分行動派人士、基督教團體及鷹派保守人士多年遊說，核准一年以兩千萬美元協助脫北者，並有數百萬美元以上的經費會用於在北韓推廣民主與提供訊息。對艾德瑞安及其團隊來說，其中意義很清楚：美國為脫北者打開國門。問題是，如何讓他們踏上美國國土。

不久之後，艾德瑞安和國務院官員談話時，他直言不諱問道：「美國政府對北韓人民有計畫嗎？」官員看著他，好像他是世界上最天真的人。地緣政治、權力平衡，還有核武呢？

那些問題才是重點吧！

這位官員被追問之後，承認政府「還得要好幾年，才會開始思考解決方案。」

在艾德瑞安聽來，這訊息似乎很清楚：大人不打算處理，因此大學中的孩子得想辦法搞定。

艾德瑞安從旅途歸來之後，既頭暈目眩，同時也感受到一股動力，這時他覺得要在耶魯的最後幾個月保持專注實在很難，所幸他還是符合最低課堂出席率，因此沒被退學。艾德瑞安多次說要休學，但康克和其他朋友伸出援手，讓他能低空飛過，在二〇〇六年五月參與畢業典禮。

大學就像有庇護的同溫層，同學談話時總是懷抱著理想，但都流於理論。在高談闊論之際，常春藤聯盟的同學依舊進入那條人生的滑道，無法擺脫傳統意義上成功的誘惑。他看見同學們展開事業、進入未來：那些不切實際的人，最後還是靠著自己的優勢，成為高薪律師與銀行家。

即使看似成效豐碩——艾德瑞安第一年的行動就招募到數百位年輕亞裔美國人加入自由北韓的分會——這位年輕的行動人士還是覺得洩氣，因為他發現就算有人看見北韓人民的悲慘遭遇，最終仍冷漠以待。他期待人群湧上街頭，抗議二十一世紀最嚴重的人權侵害之舉，但多數人就只是聳聳肩。就連自由北韓的成員有時似乎也不夠在乎。

為何天地不仁，不讓這些災難消失？艾德瑞安認為，沒有勇敢行動的人生根本不值一活。

南韓年輕人的冷漠尤其令他惱怒。從一九五〇年代開始，南韓開始發生變化，與北邊的鄰國呈現出強烈對比，從破敗的農業社會躍升為世界成長最快的經濟體之一，經濟學家稱之為漢江奇蹟。到二十世紀初，南韓青少年與大學生似乎完全遺忘了幾哩外發生的人道主義悲劇。相反地，他們熱衷於所謂的偶像團體，也就是今天韓國流行音樂（K-pop）的先驅，而且還沒日沒夜地工作，躋身於超級資本主義、超級物質主義社會的行列。

艾德瑞安身邊的人認為，他老是鬱悶苦思這些議題，這使他變得更神祕，也略顯傲慢。不是人人都能接受艾德瑞安高傲的觀點。他從來不會明目張膽批評別人的選擇，但話語聽起來就是在批判。

「大家會做出自己的妥協，」他曾說，「我不會埋怨他們有自己的打算。」不一會兒，他又會談起「天下烏鴉一般黑」。

就連艾德瑞安的家人也開始擔心起他那些旅程——他存夠錢了嗎？如果遇到麻煩，誰來照顧他？

艾德瑞安的心力全都用在關注北韓人民的人生苦難，這讓他無法好好享受自己的人生。

他就讀耶魯大四的某一晚，女友找來一群朋友要幫他舉辦生日派對，給他驚喜。康克的工作就是把艾德瑞安帶來現場，即校園附近熟食店的樓上。可是康克費勁力氣，就是沒辦法打動艾德瑞安。最後，艾德瑞安不情不願和他一起前往熟食店。就在踏進店門口之前，艾德瑞安轉頭告訴他，他一直都知道有這個驚喜派對。

另一次，這兩個年輕人在討論達佛（Darfur）[2]的局勢。艾德瑞安突然激動說道：要是他找來十個海軍陸戰隊退役軍人，他們冒著生命危險保護這些難民營會如何？他向康克解釋，大家似乎不在乎，不過這樣或許能讓世界看到正在消逝的生命。

那雖然只是大學時期的思想實驗，但幾年後，康克會回憶起那一刻，彷彿這個例子證明了艾德瑞安會為了保護脫北者，提出不按牌理出牌的想法，而這些想法當下就在漸漸演變成更危險的事。

2 註：位於非洲蘇丹，種族組成相當複雜，持續發生暴力衝突。

四　瀋陽的六名脫北者

我死去時，不需要自由。我無法靠明日的麵包過活。

——蘭斯頓・休斯（Langston Hughes），美國詩人、小說家與劇作家

中國瀋陽
二〇〇六年十二月

二〇〇六年的聖誕節前三天，艾德瑞安・洪走進瀋陽的肯德基炸雞店，身邊有兩位來自自由北韓的美國女子伴隨。和他們在一起的是六位脫北者：分別為十六、十七歲的兩個孤兒男孩、三名四十多歲的女子，還有一名二十多歲的女子。

這群人坐在餐廳桌邊就能看見美國領事館——一棟堡壘般的棕色建築，周圍有高牆與鐵絲網。若不是建築物前的旗竿上有美國國旗，路人或許以為這是戒備森嚴的監獄。艾德瑞安來到瀋陽這座同樣鄰近北韓邊界的大城。從丹東到瀋陽開車只要三小時，搭火車會更快。

這趟旅程是鋌而走險之行，但不是艾德瑞安的初訪。兩個月前，他才依照同一套劇本，幫助三名北韓青少年進入瀋陽的美國領事館，其中一位十六歲的少年叫約瑟夫・金（Joseph Kim）。

和許多脫北者一樣，約瑟夫雖然年紀輕輕，經歷的苦難卻比大部分人一輩子還要多。北韓發生大饑荒時，他還只是小孩。這場饑荒是由諸多因素共同釀成的悲劇，包括食物配給失敗、社會主義集團崩潰，以及生態大災難。據估計，數百萬人死於這場饑荒。他們家曾有幾年糧食還算充足，但後來也很難把食物端上桌了。約瑟夫的父親會把自己分配到的食物讓給他，說他還在長大，比自己更需要這些食物。約瑟夫十二歲那年，父親死於飢餓。

約瑟夫的母親設法找工作好讓家人勉強溫飽。後來，約瑟夫離開了母親和姊姊，要去尋找更多食物來源。曾有一度，貧困的他流落街頭，成為所謂的「小燕子」（kkotjebi，或稱「花燕」），也可譯為「遊蕩的麻雀」。北韓有成千上萬無家可歸的孩子，據說之所以出現這個別稱，是因為他們為了生存，會在地上找米粒與玉米粒來吃，像小鳥那樣啄食一丁半點的食物。（這個字也可能源自於俄文的「kochevnik」，意思是遊牧民族。）

約瑟夫年幼時多半得自立求生，只能偶爾見到母親，因為她得奮力賺取足夠金錢，才能養他與姊姊。有一度，母親曾逃到中國，但卻被遣返、囚禁。

最後，再次經歷一段無家可歸、舉目無親的日子之後，約瑟夫下定決心自己穿過圖們江，盼能進入中國，過上好一點的日子。他步行了幾天，抵達中國邊境。

來到中國不代表問題就解決了。任何中國公民都能馬上向警方舉報，之後把他逮捕。約瑟夫有幾個月的時間都在乞討，並仰賴當地教會的救濟——能睡哪就睡哪，包括森林，後來則是圖們市教會。之後，一位信基督教的中國老媼答應收留他，兩人就住在附近的延吉市。

二〇〇四年中，一名基督教志工幫約瑟夫與收養他的老太太搬到延吉的庇護所。這處庇護所是由熱心的基督教徒經營，部分資金是自由北韓提供。受到這處庇護所的領導者啟發，約瑟夫天天讀《聖經》。他會和其他脫北者從凌晨四點就開始讀經，一直讀到晚上九點半。

他發現《聖經》教義能帶來安慰，但也相信，要成功從中國逃離，唯一的辦法就是向負責庇護所運作的人證明他是自動自發的好學生，也是真正的基督教徒。哪怕別人都在打瞌睡、睡回籠覺，約瑟夫就是能坐得更久，閱讀《聖經》。「我是在說：『選我吧。』」約瑟夫日後於自傳中寫道。

約瑟夫再度等著時機到來。只是過了幾個月都沒有任何進展。之後，有一天，一名美國青年走進庇護所，讓約瑟夫留下深刻印象。「他的頭髮剪得很有型，美式服裝很時髦。其實，他整個人就是酷。」約瑟夫在自傳《同一片天空下》（*Under the Same Sky*）寫道。

自由北韓的安全庇護計畫（Project Safe Haven）中，先行開展的就是提供約瑟夫．金與其他青少年協助。二〇〇六年，艾德瑞安從耶魯大學畢業後搬到華府，一方面加強遊說，同時也建立自由北韓的全國總部；他會率領這個團體付出努力，讓組織邁向遠大目標。

這個初試啼聲的團體搬進使館區（Embassy Row）一棟兩層樓的住宅建築，員工——幾位僅僅領著低薪，其他則是志工——就在沙發與餐桌邊辦公。許多人還要做其他工作，才負擔得起在自由北韓從事倡議活動。漢娜．宋在二〇〇六年曾有八個月的時間於傳立媒體（Mindshare）行銷服務公司擔任媒體管理人，之後離職，放棄她大半薪資，成為艾德瑞安的全職副手。

一年前，自由北韓展開第一趟中國之旅後，也開始資助位在中國的幾個地下庇護所，協助照料非法脫北者的龐大社群。這組織缺乏實際經營庇護所的人力，但會利用販售烘焙品、播映紀錄片與其他募資方式取得經費，購買食物與物資給庇護所。庇護所會為數千個像少年約瑟夫這樣的人提供食物、衣服與棲身之處；他們沒有辦法得到中國公家單位的資源，也無法從事正常工作。

在聽過約瑟夫的故事之後，艾德瑞安以韓文問他與其他兩名脫北者想不想去美國。這種可能性實在太超乎想像，然而，艾德瑞安的口氣卻像在說家常便飯，著實讓約瑟夫大大感訝異。他說：好；同時間心臟在撲通撲通跳著。

只有國會成員的助理知曉艾德瑞安的計畫，那些國會成員曾支持更多北韓人逃往美國。

即使在自由北韓，這計畫也保密到家，美國領事館無人確知究竟發生什麼事。其他意識到此事的，就是華府政治人物的顧問，他們會在必要時督促國務院。

在準備讓這幾個少年離開中國時，艾德瑞安為他們買了西方風格的衣服，教他們如何表現得像被寵壞的亞裔美籍孩子。他要約瑟夫去學學會吵鬧嚷嚷的屁孩，看起來要像會溜滑板那樣。

對這幾個北韓年輕人來說，艾德瑞安的建議實在很難懂。約瑟夫一行人在市區短暫出門散步時，會嘗試扮演自己分配到的角色，只是表現得挺笨拙不自然。後來，艾德瑞安判斷這群人準備好了，遂展開旅程，從延吉的庇護所前往瀋陽的美國領事館。某天在瀋陽的旅館過夜，艾德瑞安要這些北韓的孩子躺到床上，自己則席地而睡。約瑟夫寫下羽絨被多奢華，而打電話給禮賓員索取任何東西，都會馬上送來，這些事在在令他大開眼界。

「我覺得人生即將發生巨變，」他寫道，「我聽天由命，不知道接下來會有怎樣的際遇。」

前往瀋陽的火車旅程是二十四小時，他們在過程中相當緊張。這幾個年輕人很怕引起同車乘客的注意，決定裝聾作啞。

這趟旅程的高潮發生在城市內一間破敗的旅館內，也是這一行人最後一段等待的時光。幾個年輕人開始感到恐慌。艾德瑞安離開他們，要去打電話給自由北韓的同事，但他們把自己鎖在旅館房門後，擔心自己被逮。終於，艾德瑞安人回來了，告訴他們該上路了。

他們抵達美國領事館後，一位年輕的女外交官招招手，讓他們進入。即使是在領事館內的警衛室，約瑟夫也擔心一切會泡湯，他們會被逮捕。就在準備狂奔開溜之際，他望向艾德瑞安，而艾德瑞安告訴他：「你安全了。」約瑟夫憶道。

只是，在領事館內也不是一切順利。有一回，艾德瑞安和他們分開，被帶到一間訊問室。那邊的官員發現他是墨西哥籍，就質問究竟是誰允許他在中國把北韓人護送到美國領事館？這群官員並未讚賞艾德瑞安的付出，反而把他視為安全威脅。

艾德瑞安氣沖沖反駁：「憲法是怎麼講的？」這說法雖不算有多大的影響力，不過，他很快便獲得自由。

約瑟夫．金與另外兩位北韓年輕人的逃脫，讓艾德瑞安認為自由北韓這樣的行動是行得通的，可以繼續往下發展。組織成立兩年後，終於採取實際行動，為北韓人帶來真正的影響。約瑟夫最後會來到布魯克林，之後在德州大學城（College Station）的喬治．H．W．布希總統圖書館（George H. W. Bush Library）找到工作。

然而不久後，艾德瑞安即將這麼斷定：區區幾次救援行動是不夠的。

就在最初那群尋求庇護者（包括約瑟夫．金）仍在瀋陽美國領事館內，等待中國允許他們飛往美國的時候，艾德瑞安在十二月又回到了瀋陽，他帶了另一群脫北者上門。這次共有六人，而他護送的其中一名女子有個兒子，正是約瑟夫那群少年的其中一人。

在領事館內，美國與中國針對領事館內脫北者的命運進行協商，氣氛相當緊繃，不過美國堅持立場。這並不是說，艾德瑞安比領事館人員更具影響力，可決定接受脫北者，並應對相關後果。

沒有其他北韓人權倡議團體會嘗試做這樣的事情，較類似的，大概就是負責庇護所成立與運作的基督教教徒，例如彼得斯。那些人默默幫助脫北者溜過邊界，進入蒙古、寮國或緬甸。

不過，這次在瀋陽的情況有點不太對勁。艾德瑞安撥打同樣的領事館電話號碼，解釋他要送來「更多包裹」（這是先講好的暗號，指的是尋求庇護的北韓人），得到的卻是冷淡的回應。接電話的女子要他留下電話號碼，之後會有人回電。

幾分鐘後，一名領事館官員回電了。他說他們不能接收「北韓難民」，之後語帶不屑建議他們去北京找聯合國難民署（United Nations high commissioner for refugees）。然而，那地方遠在七百哩外。

這次行動經過幾個月的精心安排，豈料碰上這種發展，實在令人吃驚。艾德瑞安很難保持冷靜——一想到他們現在身處何等險境，渾身熱血都涼了。

艾德瑞安與這群人從延吉出發，搭了二十個小時的火車，一路上危機重重。只要有一個中國公安或查票員發現車上有北韓人，那麼這一行人就會陷入大麻煩。前往中國首都更是長路漫漫，風險也更高。

更糟的是，艾德瑞安相信，領事館官員已讓他們成為眾矢之的，甚至還在公開的電話線路中提起「北韓難民」。艾德瑞安會用暗號，是因為大家都知道，中國情報機構會竊聽美國領事館人員的所有通話。提到北韓人，根本是要讓中國當局舉報非法活動。這位官員後來告訴同事，他覺得艾德瑞安罔顧脫北者的性命，未經允許就把他們送上大門，這樣不僅會引發政治危機，且領事館也沒有空間安置湧入的尋求庇護者。

現在逐漸可開始看出，他們冒的風險有多大。諸如使用暗號的舉動，是艾德瑞安在搭機時靈機一動想出的策略。他的人馬中沒有間諜，就只是大學生而已，肯定不缺的是放手一搏的勇氣，但這樣足以挽救瀋陽的六位脫北者嗎？

艾德瑞安知道，中方會對在中國境內發現的脫北者予以遣返；這是平壤與北京之間的協議。中國稱這些尋求庇護者是「經濟移民」，也拒絕接受他們提出任何遭受迫害的主張，即使那些人遭遣返後很可能會被監禁。

中國在面對尋求庇護者時，回應的方式很好鬥，這使得逃離北韓極為困難。脫北者無法往南走，因為北韓軍隊在分隔線高度戒備，而如果進入中國，又得冒著隨時被中國當局遣返的風險，他們完全沒有能力主張自己為何需要保護、遠離平壤政權。

對於瀋陽的美國領事館來說，若協助脫北者經由中國湧入美國，等於是直接和中國與北韓的協議唱反調。對中國這邊而言，他們經過多年審慎管理與北韓的關係，以之當作與南韓的緩衝，且南韓還有三萬名美軍，部署在首爾南邊四十哩（約六十四公里）的漢弗萊營（Camp Humphreys），因此中國不希望金氏政權開始以武力恫嚇，或是把核武瞄向北京。北韓的現狀很符合中國利益。

第二群脫北者坐在美國領事館對面的瀋陽肯德基之際，艾德瑞安設法擺出勇敢的表情。他最不希望的，就是讓他手邊照顧的這些人開始恐慌。他一瞥窗外，看見一輛廂型車停下來。一群顯然是便衣警察的壯丁跳下車，開始狐疑地環顧四周。艾德瑞安認為，廂型車突然抵達是個明顯的跡象，代表中國人竊聽電話，已在部署警力，要逮捕任何潛在的脫北者。這樣一來，金韓美事件又會重演——二〇〇二年，中國警方逮捕了**五名**試圖進入瀋陽日本領事館的脫北者。

艾德瑞安腦袋飛快轉動，他先把這群人送到另一間離領事館較遠的咖啡館，同時自己留在附近，想運用他在美國政府的人脈另闢蹊徑。這回，他致電北京的美國大使館，聯絡上一名外交官。對方留下他的電話，承諾會追蹤後續。

不久之後，他接到另一通電話，是北京大使館的資深官員打來的。那人幾乎是用吼的，宣稱瀋陽領事館不能再收容任何難民，還指控艾德瑞安草菅脫北者人命，沒有事先協調就把他們帶到瀋陽。

這訊息很清楚：不能再讓脫北者透過美國大使館逃離，至少目前不行，任何這類嘗試都可能導致最後遭逮捕。這種態度急轉彎實在可怕，明明幾個月前，他才成功把約瑟夫與兩名同伴送出境。政府怎麼這麼快改變政策呢？

艾德瑞安懇求外交官從難民的立場來思考。畢竟他們都是考慮過才決定承擔風險，逃離北韓，他們相信美國會忠於承諾，給予脫北者庇護。他還主張，這些人現在面臨更大的風險，因為瀋陽的美國領事館官員在公開的電話線路上對他指名道姓，更明白提到「北韓難民」這幾個字。

其實，艾德瑞安並不打算事先取得許可。他知道官員不愛承擔風險，可能打從一開始就會拒絕。他覺得《北韓人權法案》是某種公開邀請，他要把難民帶到領事館，而且不打算給這些官僚選擇的機會，讓他們決定要實踐法律的精神與否。在他看來，與其請求許可，還不如事後請求原諒。

但是這次計畫適得其反。這下子艾德瑞安得負起責任，保護這群手無縛雞之力的人。他們沒有任何安全網、無處可去，根本是危機四伏。艾德瑞安在美國國會的人脈也沒辦法光靠打通電話，幾小時內就讓國務院改變這些案子的處理方式。艾德瑞安需要更快速的解決方案。

他最後一次拜託領事館的官員，請求給予這幾個北韓人庇護。「我們就在幾百碼之外。」艾德瑞安告訴他。不過，官員沒有動搖。

艾德瑞安告訴這群脫北者，他們有兩個選擇：回到延吉躲藏，或依照領事館的建議，前往北京。他們一致同意前往北京；難民想往前走，他們對折返的害怕程度，還高於勉強前進未知領域。他們想盡量遠離北韓。

艾德瑞安擔心自己曾公開協助北韓人，臉部已被中國國安部門記錄下來，因此他比這群人先走一步，飛往北京並入住洲際飯店（InterContinental），要在那裡等待他們到來。他安排了一名司機，把其他人載上租來的廂型車，這大概會是一趟七小時的過夜之旅。

隔天早上，艾德瑞安一早就起床，準備迎接這群人到來。他們打算在毫無預警的情況下現身北京聯合國大樓，就像突然出現在瀋陽的美國領事館那樣。但是到了上午，那群人還沒出現，艾德瑞安開始感到不安。過了幾個小時仍未見那群北韓人蹤影。

忽然，有人敲著艾德瑞安的飯店房門。他從貓眼窺看，只見一位身穿洲際飯店制服的清潔婦，但一開門，卻發現有五名中國公安站在她兩邊。他馬上遭到逮捕，被送上飛機帶回瀋陽。

這趟旅程挺可怕的，但監獄更是讓人嚇到骨子裡。中國監獄內部的景象——牢房又擠又破舊、和幾十個嫌犯擠在狹窄營區——根本和他這輩子的所有經歷天差地遠。

艾德瑞安在瀋陽得知，自由北韓的同事與六名脫北者在車程中被半路攔截，並遭到拘留。雖然這消息令他不快，但他保持冷靜，起初甚至把這當作機會，想趁機更深入了解中國與北韓的關係。在訊問過程中，艾德瑞安還想扭轉局勢，他問警方每年有多少北韓人來到這裡。那人告訴他，程序很單純：去找出北韓人、予以逮捕，立刻把他們送上船回北韓。他們不會花力氣確認這些人為何要逃出北韓，以及送回北韓之後會發生什麼事。

日子一天天過去，訊問並未結束。艾德瑞安一度感到洩氣，決定透過絕食，對中方施以更多壓力。兩天後，中國警衛恐嚇他，說要開始強迫灌食。

艾德瑞安和其他人或許會消失在不透明的中國司法系統中。不過，艾德瑞安在北京飯店房間時，於最後關頭靈機一動，最後終將扭轉頹勢。遭逮捕當下，他把附有美國SIM卡的Razr折疊手機藏在連帽衫的帽子裡，警方在搜他的物品時，他就交出當地的手機。在回瀋陽的旅途中，他把藏起來的手機滑出來，並發送一連串訊息給自由北韓的職員與國會助理，到了瀋陽，這部手機才被沒收。

傑伊．列夫柯維茲（Jay Lefkowitz）的一位職員接到艾德瑞安遭逮捕的電話通知。列夫柯維茲是小布希總統的北韓人權特使，艾德瑞安曾與他見面數次，討論難民及自由北韓能怎麼把脫北者從中國帶到美國。這名職員馬上打電話給傑伊，告訴他艾德瑞安和另外兩名自由北韓的成員在中國遭逮捕。

如果艾德瑞安沒能向聯絡人發出求救信號，他和同事可能會在中國監獄待上好幾個月，甚至更久。很久以前曾協助過脫北者的其他人，在遭到當局逮捕之後，依然在中國的其他監獄裡黯然憔悴。

在聖誕假期間，列夫柯維茲等官員和艾德瑞安的得力助手兼自由北韓的主席漢娜·宋在白宮開會，也進行電話會議。他們仔細與中國的對應人士商量出計畫，要讓三名自由北韓的成員與三名原本可脫北的難民回來。

曾有一度，艾德瑞安的移民地位可能破壞這項工作。他依然是墨西哥公民，用的是綠卡身分居留美國，雖然他人幾乎一輩子都待在美國。美國官員甚至思考，究竟是他們應該出手救援，還是該由墨西哥政府接手。但列夫柯維茲與其他人接連說服中國，指出艾德瑞安是徹頭徹尾的美國人，只有護照不是美國護照；自由北韓是美國的組織，另外兩個和艾德瑞安出任務的志工也是美國人。

這些努力發揮了一些效果。遭到拘禁十天之後，自由北韓的成員從中國被驅逐出境，回到美國。不過，那些脫北者還在監獄裡。艾德瑞安後來告訴《華爾街日報》的社論作家，他離開瀋陽監獄時，從警衛身邊跑開，朝著囚禁兩名北韓男孩、裝有鐵條的牢房窗外大喊鼓勵的話語。

「世上很難找到什麼事物可比擬有人以為大限將至，在那個當下他所露出的眼神，」他說，「他們兩人都有那種眼神——彷彿沒有任何希望。」他回憶道。

五　莽撞之士

美國華府
二〇〇六年底

到二〇〇六年底，艾德瑞安協助北韓人的策略，已引來美國政府內部兩極化的反應。其中一派認為，任何協助北韓人逃離殘暴金氏政權之舉，即使沒能事先取得同意，仍應受到保障。艾德瑞安與同事是承擔著很大的個人風險在協助無辜人民，讓他們追求更好的人生。

支持自由北韓作風的人當中，有一位是尚恩．禹（Sean Woo），他是參議員薩姆．布朗巴克（Sam Brownback）的外交政策顧問。布朗巴克來自堪薩斯州務農家族，是很有魅力的共和黨員，以從事基督教福音派活動馳名。

這位參議員當初會注意到營救北韓人的活動，是在二〇〇一年某天攤開報紙，看見金韓美事件的駭人畫面。五位北韓人想闖進瀋陽的日本領事館，卻遭中國公安逮捕。

為了解北韓的最新狀況，布朗巴克帶著人馬去和艾德瑞安及其他在華府的自由北韓成員見面。「我們認為，應該可以把這項議題擴大。」參議員的助理尚恩．禹回憶道。

但是布朗巴克和尚恩會見國務院和其他政府機構的官員時，卻赫然發現，要提升大家對北韓人權的關注，會碰上很大的阻力。「簡直不可思議，」禹說，「幾十年前，我們就曾努力把詩人和學術人員從蘇聯的束縛中救出，我不明白為何政府的政策在碰到脫北者時，會要大家乖乖聽話。」二〇〇六年十二月，艾德瑞安和其他自由北韓成員遭逮捕之際，尚恩和布朗巴克等人就催促著美國政府伸出援手。

但美國政府中的其他人就沒那麼願意幫艾德瑞安說話了。國務院內的部分外交現實主義派就是例子，較知名的包括克里斯多福．希爾（Christopher Hill），他曾率領美國代表團進行六方會談，目的是要說服北韓放下「寶劍」——平壤以這個詞來比喻其核武計畫。

從外交現實主義的觀點來看，北韓只要持有大規模毀滅性武器，對全球來說就是威脅。北韓人權被執政者的軍靴踩在腳下，更嚴重的是，如果全球性的熱核武器在亞洲引爆，屆時死亡人數將難以計量。現實主義派認為，自由北韓的莽撞行事比無所事事還糟：「私了」（vigilantism）的作為無人可管，背後風險是會引爆更大的衝突，導致外交目標岌岌可危。

事實上，艾德瑞安在瀋陽設法挽救脫北者那天，希爾也完成了最新一輪的六方會談——與會者還有南韓、日本、中國與蘇聯。會議沒能達成實質協議，但只要能舉辦會議，就證明有可能透過外交手段來應對北韓。

對全球國安體制來說，北韓核武所引發的恐懼，在二〇〇六年十月十日達到巔峰：那天北韓的國家通訊社發布新聞，說他們前一日成功進行地下核試爆。

北韓宣稱，這次測試「是令人激動的時刻，全國人民可往前躍進，建立更偉大、繁榮、有力的社會主義國度。」

而在主體的傳統中，此聲明暗示了這次核試爆運用的是「該國本身的智慧與科技」，展現出「強大可靠的自我防衛能力」。

接下來幾年，北韓展現出可提升核武能力與運用範圍的能耐，敲響了警鐘。所有關於北韓的討論都和核武有關，連勞改集中營的故事也不例外。

十二月的庇護任務，時機剛好緊接在美國對北韓提出重要政治行動之後，而艾德瑞安直接闖進領事館，是粗率的冒險之舉。這兩者的結合導致十三年後，艾德瑞安在西班牙做出更糟糕的舉動。而這次悲劇說明了自由北韓的庇護管道有多麼出師不利、阻礙重重。

二〇〇六年的聖誕節假期及隔年一月初，成立「韓國援手」的彼得斯牧師正在鄰近北韓的中國村落，默默展開例行任務。

彼得斯正努力協助新一批脫北者，踏上前往寮國與緬甸的漫長旅途。這時，附近一位值得信賴的祕密盟友打來一通電話。「我們得馬上見面。」這位聯絡人告訴彼得斯。

彼得斯下山與這位聯絡人見面；為了避免隔牆有耳，他們來到一間建築物的鍋爐室。聯絡人轉述自由北韓遭逮捕的事，以及他也有人手牽連在內，因此警方已來到他任職的非政府組織所在處。

「你得趕緊離開城裡。」這人告訴彼得斯。

彼得斯速速離開中國，回到首爾。他倉促離開後的那幾週，中國警方高度戒備，欲消滅北韓難民的活動；這讓地下網絡協助脫北者的祕密工作難度更高了。彼得斯原本的旅程安排得停擺好幾個月，他把錯怪到艾德瑞安頭上，似乎要艾德瑞安一人承擔。

「艾德瑞安就像瓷器店裡的牛，實在粗魯莽撞，」彼得斯憶道，「這裡是很敏感的地區。所有國家都會派情報人員前來活動，中國人當然會立刻掌握情況。」

事實上，自由北韓在整個二〇〇六年都得罪過人——這一年，艾德瑞安從耶魯畢業，隨即便把所有時間投入於營救北韓人。畢業後不久，艾德瑞安即率領一組自由北韓的團隊進入首爾，展開「陽光計畫」（Project Sunshine）；這咄咄逼人的計畫是要震撼南韓人，好讓他們留意到北方同胞身處的苦境。許多南韓人與國界另一邊血脈相承，可能家族平輩、祖父母及手足就在北韓，但是南韓人傾向避談北邊那令人尷尬的獨裁鄰國。

陽光計畫是華府使館區的自由北韓成員所策畫，他們會在首爾外交通商部的門前舉行假的葬禮，「悼念北韓饑荒、處決與酷刑下的受難者，以及因為大眾漠不關心而持續受害的人。」當時的媒體新聞稿如此寫道。

「南韓今天享有自由、民主與繁榮，有義務協助其他不那麼幸運的人。我們可從近在北邊的親人開始，他們都身陷嚴峻的處境。」艾德瑞安當時說道。

當時的活動畫面似乎顯示，有好奇的南韓人路過，但多數並不會停下腳步聽講。

二〇〇六年十二月，艾德瑞安、同事與北韓人遭到逮捕的消息，很快在北韓觀察者的團體間傳開。

各地的報紙紛紛報導這起事件，但並沒有轟動世界。究其原因，可能是當時剛好碰上聖誕節假期。

艾德瑞安冒險進入中國從事乖舛的救援計畫之前，曾和具宰會（Jae Ku）一同出行。這位韓裔美籍大叔曾在自由之家（Freedom House）擔任北韓計畫主任，之後轉職到約翰霍普金斯大學，在高級國際研究學院擔任教授。

自由之家是位於華府的非營利組織，於一九四一年成立，當時主要由政府提供經費以研究並提倡民主、政治自由、人權。自由北韓草創之初，就曾獲得自由之家約一萬美元贊助，藉此展開倡議工作。艾德瑞安也常與具宰會同行，一起出席國際會議與研討會。這一次，艾德瑞安陪具宰會進行三天的日本行程，他們召集非政府組織、跟政治人物見面，與這些人討論北韓議題。

會議結束時，具宰會問起艾德瑞安的假期有什麼打算。「我還是別告訴你吧。」艾德瑞安說。具宰會要他至少給點資訊，讓他知道會往哪裡前進。

「我會去海參崴，幫脫北者尋找新的逃脫路徑。」艾德瑞安回答。具宰會祝他好運。如他所料，勇敢的二十二歲青年就是會做這樣的事。

在耶誕夜，具宰會手機響了。來電的是華府南韓大使館外交官，在電話中他解釋了艾德瑞安遭捕詳情，並詢問艾德瑞安是否持有南韓護照。如果有，他們或許可把他帶出中國。不過，艾德瑞安並未持有南韓護照；要持有南韓護照，得服滿十八個月的兵役。

十天之後，美國靠著外交施壓，說服中國釋放三名自由北韓的志工，但六位脫北者依然命運未卜。艾德瑞安被遣返回美國後，曾在聖地牙哥短暫停留，見見家人，之後又重新出發，回到華府。

回到華府的艾德瑞安與盟友拚了命想營救他們不得不丟下的脫北者。他們以這個故事來吸引媒體注意，曾向《華爾街日報》的社論作家簡要說明情況。二〇〇七年一月四日，《華爾街日報》刊登一篇社論，標題是〈瀋陽的六名脫北者〉，文中說明被迫留在中國的那些北韓人境況。

即使留下外交爛攤子，但這次經驗（包括被拘留在中國監獄十天）無法澆熄艾德瑞安的熱忱。事情發生後，他在怒火中燒與極深的悲哀之間擺盪，尤其針對美國領事館官員竟把營救難民的任務在公開電話線路上暴露無遺這件事。

他在一月二十六日向自由北韓的支持者報告最新消息時寫道：「回到位於華府的自由北韓總部，在電腦前面打字，感覺好奇怪。對於追蹤這消息的人來說，過去幾個星期讓人心神不寧——起伏超大，相當急迫。」他說，其中還有許多細節，但他先言盡於此。他告訴支持者，等高層討論出對策，才能對外說明更多。

但是到了三月一日，依然沒有多少進展。艾德瑞安決定提高施壓力道。愛德華．羅伊斯（Edward Royce）是來自加州的共和黨眾議員，艾德瑞安認識他手下的職員。於是，羅伊斯在一次關於北韓人權的國會聽證會上，把時間用來誦讀艾德瑞安的陳述，他要讓陳述留下官方紀錄。

在發表譴責之前，這項陳述道出了艾德瑞安與瀋陽美國領事館及北京美國大使館交手的經驗：

> 我有信心，地下網絡能拯救成千上萬北韓難民，只要有國家願意接受他們……然而，一個任職於美國政府的人，竟然拒絕合法的尋求庇護者，著實令人難以接受，實在

可恥，特別是那些尋求庇護的人被地方當局鎖定，會遭到逮捕與遣返……而美國竟然迴避他們，就在大門口把他們送到其他地方，這實在是背叛美國原則，甚至違反法律。

在二〇〇七年初幾個月內，艾德瑞安為營救脫北者付出更多努力。他在三月來到日內瓦，發表關於北韓囚營的演說，也參加聯合國人權理事會的會議。那年七月，他在加州山景城的Google總部，發表以北韓為主題的Google Talk，相當鼓動人心。之後，他又到華府的神州國際電影節，代表《漢城列車》的製片者領獎。他出席所有活動的舉措，證明他的人脈經營能力提升，也說明北韓人權倡議行列有多麼缺乏年輕人——這領域的行動人士盼能鼓勵青年參與。

最後，在同年八月，美國政府與中國達成協議，讓「瀋陽的六名脫北者」離開，但他們會被送到南韓，而不是美國。中方稱這次行動為政策的「例外」舉動；其他則一仍舊貫，無法幫助日後尋求庇護的人。事實上，沒有多少北韓難民可再度穿過「廊道」。

話說回來，情況本來就會更加困難。中國警方開始提高在西方大使館與領事館的維安規格，以期更有效攔截未來的逃脫者，防止那些人成為政治皮球。

不過，這次事件也取得了某種程度的勝利。自由北韓乘勝追擊，他們運用宣傳攻勢，把脫北者送進校園與禮堂，在這些地方訴說他們的故事。艾德瑞安經常和約瑟夫見面——他在瀋陽領事館待了四個多月後，便搬到加州和收養他的父母同住。

約瑟夫依然深感困惑，不明白艾德瑞安為何會牽掛素未謀面的人。在自傳中，約瑟夫透露，他曾以為艾德瑞安肯定是腰纏萬貫的美國人，才有餘裕把關注焦點放在別人身上。

但是在造訪華府的自由北韓總部之後，約瑟夫驚訝發現，房子裡亂糟糟的，「滿是二十多歲的人坐在沙發與餐桌邊，在筆電上打字。」他寫道。艾德瑞安從耶魯畢業後的三年內，自由北韓曾有五個不同的運作據點，這裡就是其中之一。

「我得知，有些人是靠兼職才有辦法延續營救脫北者的工作，即使都是從耶魯或其他頂尖學校畢業，」他說，「他們還是只能勉強餬口，我好驚訝。這些人犧牲了美國夢，來幫助像我這樣的人。」

另一項改變艾德瑞安人生的大事，就是認識年輕的韓裔美國女子W.。她在兒童發展與育樂領域任職，之後將與艾德瑞安結為連理。艾德瑞安與W.的共同點，就是兩人都關注如何幫助他人。她也是個理想派。但是，艾德瑞安愈是深入北韓任務，就愈會把自己的生活切割、分隔開來。他養成一種習慣：往往不知從哪裡就突然現身，而個人的生活細節也只與一小群朋友分享。

有時，兩人的關係會出現難關。艾德瑞安出門旅行頻率持續增加，而不是逐漸放緩。即使在夫妻二人之間，他究竟有何打算、做了什麼，依然罩著一層神祕之紗。

二〇〇八年中，艾德瑞安前往首爾的自由北韓辦公室，他突然宣布要退出這個團體。由於沒有接替計畫，因此副手漢娜．宋就在過渡期間接管組織運作。漢娜後來告訴其他自由北韓的成員，她早就觀察到，幾個月以來，艾德瑞安已朝著不同行動方向前進，但是和他所創辦的組織一刀兩斷，依然令她大感意外。

「自由北韓不需要我，」艾德瑞安後來告訴朋友，「就算沒有我，他們還是能做已經在做的事。」幾個月前，他才說服捐款者捐出六位數金額來支持自由北韓，這下子有些人被惹惱了。不過，漢娜的領導能說服原有的基層捐款人與主要贊助者，繼續金援這團體。

艾德瑞安心知肚明卻不敢明言的事實：他漸漸認為自由北韓無法帶來多大的改變。他得有更大的作為。

「我們能花五百年營救難民，但這樣無法改變現實情況。」他後來告訴我。

幾個月後，他在《紐約時報》投書，這時距離他遭逮已過了快兩年。他為自己的觀點變化提供深刻見解。在這篇文章中，艾德瑞安稱六方會談為一場「可悲的失敗」，並呼籲要有更強力的行動才對。

他說，自己之前未明確呼籲政權更替，實在是「錯誤」。「現在我無法否認，自己過去那種期望不切實際——北韓菁英永遠不會放下手中僅有的權力，這樣能讓自己免於失勢。」寫了幾段之後，他又提道：「如果這樣的政府與行為不能稱為邪惡，那麼『邪惡』這個詞就沒有任何意義可言。」

大約在這時候，艾德瑞安向密友圈坦承，他要設法做更大、更有風險，甚至是危機重重的事。

在艾德瑞安公開提出政權更替的主張後，曾為韓、美領導者寫過傳記的作家車學成（John Cha）就出言批評艾德瑞安。他的論點刊登在舊金山《東灣快報》（*East Bay Express*）一篇文章中。

「我認為他是瘋子，」車學成這樣告訴該報，「他是個強硬派，還會說些像『喔，我們得擺脫金正日』的話。要這樣說是沒關係，但要怎麼做？他的回答也只有：嗯，『我要到北韓去把他幹掉，就像我們對薩達姆做的那樣。』」

車學成的評論令人無地自容，但艾德瑞安看完並沒有生氣。他反而聯絡了車學成，和他討論起北韓的事。車學成告訴艾德瑞安，解放北韓是不可能的任務，目標應該是透過漸進改變，時間拉長，讓北韓走向民主化。

艾德瑞安深思傾聽，並提出自己的看法。在掛電話之前，他們同意兩人都在此問題的立場同一側，雖然解決方法不同。這種對討論抱持的開放心態會讓他在接下來幾年，贏得許多追隨者。

六　飛馬計畫

我想像，祭司與利未人提出的第一個問題是：「如果我停下來幫助這人，我會發生什麼事？」但是基於關懷的天性，好撒馬利亞人會反過來問：「要是我不停下來幫助這人，他會發生什麼事？」

——馬丁・路德・金恩（Martin Luther King Jr.），論好撒馬利亞人的比喻

洛杉磯

一九八〇年代

克里斯多夫・安（Christopher Ahn）是在南加州長大的孩子，不太多想關於北韓的事。他於一九八一年出生，此前雙親已從南韓移居美國。父母鼓勵他，要盡量融入美國文化。克里斯多夫的母親、阿姨與外祖母沒讓他的韓國身分認同消失；在家庭聚會時，大家會

唱唱歌、說說故事，並端上傳統食物，例如牛肉蘿蔔湯（sogogi muguk）及日式蛋包飯。但在他大部分的成長過程中，克里斯多夫與弟弟和加州郊區的美國男孩沒什麼不同，他們會打棒球，也會和朋友到海邊玩。

他的父親安永哲（Young Chul Ahn，音譯）原本是美國空軍雷達技師，在一九九〇年代初期，於洛杉磯時尚潮流地段開設服飾店，距離鬧區與貧民窟不遠。這家店專門販售都會街頭服飾，當時這種風格剛在全球流行起來。店內常有DJ駐店，生意相當興隆。但在一九九二年，洛杉磯警局的四位警察在逮捕並毆打羅德尼．金（Rodney King）的訴訟中獲判無罪，致使城市陷入暴動。[1]有個旁觀者拍攝到這次警方暴打民眾的畫面，並放送到全世界，導致這次無罪判決引爆更大規模的怒火。

判決後的第二天，暴動延燒到位於時尚潮流地段西邊幾哩的韓國城。警方封鎖了通往地段較為昂貴、以白人居民為主的社區道路，包括比佛利山莊（Beverly Hills）與西好萊塢（West Hollywood），但卻讓韓國城幾乎毫無警力防備。店家曾試著擋下趁火打劫者，有些店甚至自備槍枝，然而後來整個洛杉磯共計八億五千萬美元的財物損失中，有一半都是發生在韓國城。

雖然安永哲的店舖並未直接遭趁火打劫者的攻擊，然而這次暴動的後遺症令人膽戰心驚，時尚潮流地段也不例外。一夜之間，都會街頭服飾的買家全數消失，部分原因是黑人與韓國人之間局勢緊繃——有個十五歲的無辜黑人女孩被韓國商店主人射殺身亡，店家說她誤以為那名黑人女孩是扒手。（後來調閱監視畫面發現，她手上拿著錢，正準備付款。）由於商店面臨財務的無底洞，克里斯多夫的父親決定將家族生意改頭換面，變成一間西裝店，還推出自家的長褲品牌。

安氏家族賣了房子，轉而租屋，他們把售屋所得當成創業資金，成立風格正式的服裝公司。父親將公司取名為贊尼尼（Zannini），原本是想讓人聯想到義大利服飾的優質手感，雖然那個字和義大利毫無關聯。腦筋動得快的安永哲和中國廠商談好生易，夫妻倆忙得沒日沒夜，要讓新事業上軌道。但就在家族生意逐漸蒸蒸日上、家境開始恢復元氣之際，安永哲出現胃腸問題。

安永哲就醫後，第一次切片檢查的結果令人擔憂，於是醫生要求再做一次。原來安永哲罹患胃癌，他在求醫僅僅四天後就去世，留下十七歲的克里斯多夫當家。

安永哲猝逝帶給這一家子很深的打擊。克里斯多夫和弟弟、母親與外祖母都仰賴著尚未起飛的家族事業。

不過，克里斯多夫與家人沒有多少時間處理喪親之痛。他與母親不得不把注意力放在生

1 註：羅德尼．金是非裔美國人，因為超速而被警方追逐，卻襲警拒捕，後來遭警方以暴力逮捕。此事鬧上法院，但法院判決四位白人警察無罪，遂引起洛杉磯暴動。

意上。環境驟變帶來很大的風險。他們擔心，如果供應商發現永哲猝逝，存貨恐怕也保不住。每當合作夥伴打電話來，克里斯多夫與母親安衛英（We Young Ahn，音譯）就會編造藉口。克里斯多夫經常接電話，面不改色地決定布料與數量。

他們就這樣故作沒事七個月，克里斯多夫白天繼續到高中上課，晚上則在公司上班。等到產品終於抵達洛杉磯，克里斯多夫和母親飛了一趟中國；他們認為該把安永哲的死訊坦承告知合作廠商。結果，之前的擔心其實是杞人憂天。掌管中國供應商的負責人聽到安永哲的死訊紛紛落淚，並保證會維持合作關係來紀念他。

克里斯多夫在校時原本散發青春洋溢、無憂無慮的氣息，但在父親過世後，他扛下公司負責人的部分重擔，人變得更嚴肅了。在高中畢業後、上大學之前，克里斯多夫加入美國海軍陸戰隊預備部隊。「我想找個最快速的方法，成為一名男子漢。」他憶道。即使人在新兵訓練營，感覺到自己的世界正在拓展之際，年紀輕輕的克里斯多夫仍得繼續扛著重擔。他母親寄送布樣到新兵訓練營的郵件室，讓他為贊尼尼的產品下決定。訓練教官看他在接連不斷的密集訓練之餘，還得協助家中生意，著實感到驚訝。

在聖地牙哥海軍陸戰隊新兵訓練基地待了十三週後，克里斯多夫於二〇〇〇年秋天，進入加州大學爾灣分校政治學系就讀。每個月會有一個週末，他得回到海豹灘海軍軍事武器站（Naval Weapons Station Seal Beach）進行訓練。

多虧母子二人的努力，贊尼尼這回生意上了軌道，也賺了錢。不過，全國零售市場開始轉移，因此在二〇〇三年，他們決定把贊尼尼賣給中國夥伴。這麼一來，克里斯多夫也能專心於學業上。

克里斯多夫大學畢業後準備前往德州做業務工作，而這樣就得轉調到新的海軍陸戰隊分遣處。在二〇〇五年，他聽聞同袍要派駐伊拉克的費盧傑（Fallujah）。當時美國剛打完伊拉克戰爭中血腥激烈的一戰，稱為幽靈之怒行動（Operation Phantom Fury）或第二次費盧傑戰役。這座遭受嚴重破壞的城市已搖搖欲墜，非常危險。

許多人都把克里斯多夫當成大哥，而他也覺得要對這些人忠誠，於是取消搬到德州的計畫，請求調回原單位。二〇〇五年，在大學畢業後一年，他前往伊拉克，在費盧傑擔任情報分析員。

軍營裡不忙的時候，克里斯多夫會與海軍陸戰隊同袍聊天。他說過韓戰期間一名美軍救了他阿姨的故事。當時外祖母帶著兩個女兒逃到漢城，但還是幼兒的阿姨竟然走散了。外婆找上這位美軍，用唯一會的英文單字對他說：「寶寶、寶寶！」這名軍人聽懂了，並幫她找到孩子。

「那人完全扭轉了我們的生命，」克里斯多夫告訴弟兄，「我家人把那位軍人當作真正的英雄。」

這是克里斯多夫想從軍的理由之一，當然他也是依循父親的腳步。安永哲給兒子的印象是，哪怕剛來到美國的移民，人人都看得見機會。在伊拉克，克里斯多夫說服海軍陸戰隊的弟兄，要把照料當地人視為主要目標，協助他們重建家園。

在派駐將近一年之後，他結束戰時服役。在伊拉克待了這麼久，這下子要怎麼過日子，他的內心也沒有答案。最後所做的選擇自然有點類似某種延續——把役期延長——加入華府退伍軍人倡議團體。這個團體名為「為退伍軍人爭自由」（Vets for Freedom），發起人是陸軍退役軍人大衛．貝拉維亞（David Bellavia），是伊拉克戰爭中唯一活下來的榮譽勳章得主。貝拉維亞與克里斯多夫住在同一間公寓，常對戰爭有不同看法，一爭辯就是幾個小時，不過貝拉維亞漸漸開始會以克里斯多夫的眼光來看待事物。

「我在看待敵人時，會認為要殺掉他們才能擺平，」貝拉維亞說，「但克里斯多夫認為，他們是受到不公平對待的人。我從沒見過哪個穿軍服的有這麼強的同理心。」

在二〇〇八年金融危機期間，克里斯多夫說組織的財源枯竭，於是他這輩子第一次不清楚下一步要往哪走。該怎麼辦呢？克里斯多夫考慮要申請就讀商學院。而在老家洛杉磯，他母親衛英是靠著出售贊尼尼的收益及兒子的幫助來度日，當時她仍與自己的母親（克里斯多夫的外婆）同住。克里斯多夫覺得自己漫無目的。

最重要的是，克里斯多夫興致高昂想進行創新之舉，但該做什麼好呢？

這時，他遇見一個人；那將改變他的一生。

二〇一〇年四月五日中午，艾德瑞安漫步前往北聖地牙哥的洛麗塔墨西哥餐館的一家分店。不多久，魁梧的克里斯多夫臉上掛著大大的笑容走進來，伸出他像熊掌一樣的大手。

這間毫不花俏的餐廳以阿薩多烤牛排與炸薯條聞名，而兩名男子一邊吃著墨西哥捲餅，一邊開始了解彼此。這兩個行業截然不同的男性，是經由一位韓僑創投家介紹而認識。那位創投家在自由北韓募資時認識了艾德瑞安，克里斯多夫則是讀了那人的部落格後，突然寫信給他。

這兩人在許多方面恰恰相反。其他人可能認為，艾德瑞安看起來罩著神祕面紗，常以人權倡議者的身分高談闊論。克里斯多夫就比較低調，看起來較有書卷氣。雖然他身材魁梧，不笑的時候會給人壓迫感，但其實是個感情豐富的敏銳之士，還承襲了父親的企業家精神。「我只是想幫忙。」克里斯多夫有時會這樣告訴別人，自己很少接受他人的讚揚。

那時，艾德瑞安已離開自由北韓一年多，也和克里斯多夫一樣，尚在摸索人生新階段。他心中一直記掛著北韓，但如果要能發揮影響力，就需要資源——意思就是金錢。

艾德瑞安創立了飛馬策略（Pegasus Strategies）顧問公司。為此，他去尋求創投家的引導；這時的他對於神話中的飛馬已著迷許久。這間公司反映了艾德瑞安純經商的一面，業務是協助諸多公司建立起組織，安排訓練。不過，他把賺來的錢幾乎全數投入北韓的工作。他很有商業頭腦，朋友日後不免好奇，要是他專心打理科技公司，而非把焦點放在北韓事務上，不知會有何等傲人成就。

午餐期間，甫結束倡議工作、最近剛搬回加州的克里斯多夫請艾德瑞安給點意見，談談該如何進入商業界才好。需要取得企管碩士（ＭＢＡ）的學位嗎？艾德瑞安直言不諱，他說自己不覺得進學校有什麼意義，還說當年差點從耶魯中輟的事，因為課業一直妨礙他做真正想做的事業。「商學院很蠢，」艾德瑞安告訴克里斯多夫，「如果你想做什麼，就馬上去做。若有熱忱，大家都會共感你這份熱忱。」

克里斯多夫忍不住對艾德瑞安這股自信露出微笑。他們一邊吃東西，一邊互相談起幾個故事。克里斯多夫認為艾德瑞安「就是懷有做好事的動機。」——這很吸引克里斯多夫，他正在尋找「能積累正向價值的事情」。

在臨別前，克里斯多夫趁著兩人收拾隨身物品的空檔，轉頭告訴艾德瑞安：「我知道你未來可能會投入許多其他事情。我對自由北韓很有興趣。如果有需要任何協助，請告訴我。」

那時候，這段話聽起來只是道別時的客套話。後來他們才發現，從這一刻開始，兩人的生命會相互牽連，之後也會因而翻天覆地。

克里斯多夫並未採納艾德瑞安的建議，他還是申請了維吉尼亞大學的達頓商學院

（Darden Scholl of Business）。不過，兩人不久之後會再度見面。

艾德瑞安雖然在立場上反對就讀商學院，但他不全然反對體制。離開自由北韓之後，他獲選為TED Fellows的初始會員。[2]他是熟稔科技的人道主義者，又抱持遠大理想，可說是不二人選。到二〇〇九年，TED演講（TED Talks）已是家喻戶曉的品牌。這是拜媒體企業家克里斯・安德森（Chris Anderson）之賜。他的非營利基金會收購了TED會議（TED Conferences）的業務（原本是八年前由兩位原始創辦人成立），之後安德森再對公司進行改造，推出大量的影片與活動，主要焦點即為「世上最啟迪人心的思想家」。

TED成功之後，該基金會推出TED Fellows計畫——為期一年，旨在贊助新一代的思想家。由於獲得傑夫・貝佐斯（Jeff Bezos）、Google慈善基金會等來源的資金補助，TED Fellows計畫依循傳統，會提供經費給企求改變世界的人，類似知名的「麥克阿瑟天才獎」（MacArthur Genius Grants）的做法。

但TED的焦點是在年紀較輕的有為者身上，這些人要致力於「提出想法，改變世界」。申請人必須介於二十一到四十歲，且在其耕耘的領域展現出「非凡成就」。TED不

2 註：TED指科技（technology）、娛樂（entertainment）、設計（design）的縮寫。Ted Fellows通常會保留原文，因此這裡的譯文也不予翻譯。

會只談觀念，還會鞭策他們。在選拔出來的五十人當中，會有二十人受邀回來擔任三年的TED資深會員，這樣可以獲得支援並參與會議，繼續精進想法與計畫。

「會挑選出這些人，不僅是著眼於他們的成就，更是對他們有所指望，」湯姆・萊利（Tom Rielly）寫道，他是TED會議的社群主席，在二〇〇九年二月宣布艾德瑞安成為初始會員，「這裡的每個人都有潛力為自己的國家甚至全世界，創造出正向的改變。」

艾德瑞安的飛馬計畫（Pegasus Project）讓TED遴選委員眼睛一亮。雖然和飛馬策略名稱類似，但飛馬策略著重於擔任企業顧問，而飛馬計畫則直接屬於艾德瑞安的北韓工作領域。多年來，他在文章與訪談中，以不同方法來闡釋飛馬計畫。在二〇〇九年，他稱之為「隸屬於脫北者的地下鐵路」，與自由北韓的做法類似。

但到了二〇一〇年，就在他獲選為TED最初的二十名資深會員時，他強調的是這計畫的科技面，並在TED手冊中表示：「這項倡議行動是運用先進科技來滲透封閉的社會，為那些國家的人民賦權，讓他們能與彼此及外界溝通。」

多年來，艾德瑞安想由外向內對抗金氏政權卻沒能如願。然而，運用科技來對抗卻是個振奮人心的概念，而且可能帶來變革——換言之，這是要透過關注北韓人權的非營利組織與宗教團體到處散布，共同發揮影響力。

艾德瑞安認為，如果無法廣泛取得資訊，要北韓改變根本是緣木求魚。金氏政權非常精於有效控制北韓人，原因在於這個政權無情殘暴，但另外也是因為他們有辦法把北韓完全孤立起來，和國際文化及其他地方的真正生活樣貌切斷聯繫。對一般北韓人民來說，相信政府的宣達比較簡單（畢竟每天都在重複與強化），相較於費盡心思想像國界外陌生的土地，後者更不易。

托馬斯・舍費爾（Thomas Schäfer）曾任德國駐北韓大使——他在二〇〇〇年代不同時間點，先後於北韓住了超過八年，是少數能在該國待那麼久的西方外交官——他的結論是：北韓的體制力量比權力頂端的個人更強大。這體制只有一個核心目的：服從。

「讓人民精疲力竭，」他解釋該政權的心態，「隨時給人民不同的任務，讓他們疲憊不堪、受到限制，這樣就沒有時間提出新想法。他們累壞了，只好遵從。」

世上或許沒有其他國家像北韓這麼封閉。從二次世界大戰結束、北韓成立後就是如此。這種現象從狂妄自大、掌控一切的金日成時代就一直傳承下來。

脫北者與人權倡議者指出，北韓人每天得在一本特殊的筆記本上，寫下自己怎麼樣沒能對國家忠心耿耿，以及他們認識的哪個人也不夠忠誠。之後，每週會有一次，在意識形態的演講結束後，他們必須公開指出那些不夠忠誠的人。這系統既危險又無聊至極。人民唯一的生存方式是先取得共識，同意彼此可說哪些小事——那些小事必須夠正經，足以讓人大聲說出口，但又沒有越軌到需要受紀律懲處的程度。

除了設法讓鄰人相鬥之外，國家也會弱化親人之間的連結。北韓人高中畢業後必須入伍服役七年；北韓人權團體指出，服役期間他們通常完全見不到家人一面。北韓人往往一輩子從未離開自己出生的城市，就連到另一座村莊或城市見祖父母也不可能。

這國家過去的領導者得到如宗教狂熱般的崇拜。北韓建國領袖金日成被稱為「偉大的領袖」；他的兒子金正日則是「親愛的領袖」。每天早上六點，整個平壤會有擴音器大聲播放演奏版的《您在哪裡，親愛的將軍？》（*Where Are You, Dear General?*）。這首歌原本出自一九七一年的歌劇《黨的真女兒》（*A True Daughter of the Party*）；後來，政府官員改寫歷史，說這首歌是由金正日親自譜曲。沒有哪個成年公民在出門時，胸前沒有別上「親愛的領袖」徽章。

政令宣傳從未停歇，一方面是要強化國家領袖的神話，另一方面則是要將他們之外的世界擋在門外——這似乎不可思議，畢竟在二十世紀末與二十一世紀，世界相連程度之高，資訊只要在短短一瞬間就會傳遍全球。

北韓唯一的新聞來源就是國家管控的報紙，包括《勞動新聞》（*Rodong Sinmun*）——朝鮮勞動黨中央委員會（北韓最高政府機構）的傳聲筒。從北韓的新聞畫面來看，當天報紙會貼在平壤地鐵車廂的窗戶內，乘客就站在旁邊讀。廣播與電視整天都在宣揚政權絕不會犯錯。所有資訊都要經過政權的宣傳機器扭曲過濾，才會進入人民的心裡。

多數北韓人根本碰不到電腦，遑論網際網路。唯有社會頂層才可接觸到僅限於國內範圍的網路——「光明網」（Kwangmyong）。根據脫北者後來提供給人權團體的證詞，有些住在偏鄉務農的人民甚至不准進入平壤等大城，因為他們是有「敵意」的階級。他們對自己的國家是什麼樣子沒有概念，更不知道什麼是網際網路。

能接觸到網際網路的，只有一小群政府官員及住在平壤的外交官。北韓駭客惡名昭彰，而《華爾街日報》調查駭客的實際活動時發現，這些駭客幾乎都與大使館的情報人員及官員合作，是在境外地點運作。艾德瑞安開始推展飛馬計畫的工作時，北韓才剛開始接觸網際網路，且是透過位於泰國的合資公司。到二〇一四年，北韓只有一千零二十四個IP位址，但已足供政府部門數千個網路使用者運用。

不過，資訊會自己找到出路。北韓有許多電視機來自中國，且有USB連接埠，讓人可以用隨身碟觀看電影與電視節目。這麼一來，走私與非法交易媒體內容的生意就興隆起來了，尤其在接近中國邊界處——北韓人可在這裡親看到鴨綠江另一邊燈火通明的丹東市。

艾德瑞安和其他人認為，若要削弱金氏政權，娛樂是很有力的工具。連金正日也知道大銀幕的威力——他曾投入相當大量的資源製作既動人又散發愛國情操的北韓電影。

要讓北韓人一瞥外面的世界，最好的辦法就是讓他們看南韓電視節目與電影。這些內容對目標觀眾而言較好理解，也有機會藉由走私網絡偷渡進北韓。南韓的行動人士也會利用更稀奇古怪的機制來發送訊息，例如把資訊綁在氣球上，飄過邊界。

有一度，艾德瑞安與南韓志同道合的行動人士聯繫，其中又以名為「自由北韓鬥士」（Fighters for a Free North Korea）的團體格外引人矚目，因為這個團體執行的計畫很有爭議性：他們把DVD、電晶體收音機與USB隨身碟綁在氣球上，再從南韓的戰略位置，將氣球施放到北韓。這個團體挑戰北韓政權，引來北韓的憤怒，但也讓南韓不滿，因為這危害到住在邊界的居民，且南北韓關係可能陷入不必要的緊繃。

由於巨大的防火牆出現裂縫，艾德瑞安的希望——也就是使他得到TED Fellows資格的理念——便是找出新方式，把更多資訊放送到北韓，以期激發北韓人民起義。在政治手段陷入僵局之際，把科技當成解決方式似乎成為新的方向。

艾德瑞安有個想法：找來握有豐富資源的捐款者，出資協助在北韓建立某種類似盜版的網際網路，靠著衛星來傳播資訊，這樣任何有Wi-Fi裝置的人就能見到更真實的全貌，了解自己的國家與這個世界究竟發生什麼事。但就和他多數計畫的情況一樣，說比做容易。

二〇一〇年七月，關注人權的駭客在紐約舉辦了一場聚會，艾德瑞安在這場會議中發表演說。他穿藍色襯衫，鬍子刮得乾乾淨淨，頭髮也以髮膠整齊定型。他告訴身為行動人士與技術專家的聽眾，他的理想是讓世界各地的人權工作者有更安全的溝通方式，可在危險的環境下工作。

他呼籲與會者協助打造工具來規避防火牆，讓溝通匿名化，以防異議人士和行動人士因為表達個人觀點而遭捕。他請大家在會議之後跟他對話，這樣他就能說明更明確的行動，因為那不能「在攝影機前」透露。

在談論完全球人權與科技之後，艾德瑞安提出了他最精華的觀點，解釋自己是如何付出畢生精力，盼為北韓人民帶來不同局面。他提到自己的旅程時也說，兩年前——大約是他離開自由北韓時——他突然頓悟了。

許多行動者在提到是什麼樣的力量啟發他們付出時，常會說出這句話：「多年後，自己的子孫輩會如何看待他們的行動？」艾德瑞安向聽眾解釋，對他來說，問題跟下一代無關，而是跟人類的目標有關。

他告訴聽眾：「如果還是有人只因為說了不同的話，就在家人面前被斷手斷腳，那我們的偉大文明、閃亮的摩天大樓與現代科技到底有什麼用呢？」艾德瑞安認為，什麼都不做，根本不比支持人性的邪惡面好到哪裡去。

他說，他在二〇〇八年還領悟到另一件事，那是來自小馬丁路德・金恩在遇刺之前的最後演說。金恩博士就《聖經》中好撒馬利亞人的比喻提出新詮釋；那則比喻中提到，有個窮困潦倒的旅人躺在路上，奄奄一息。猶太祭司先從一旁走過，之後有個利未人也來了，但他們都避開這個人。第三個人是撒馬利亞人，他停下腳步，伸出援手。

過去的詮釋是把這個撒馬利亞人視為英雄，但金恩博士卻提出更深刻的詮釋。祭司與利未人沒有停下腳步，或許都出於好理由，擔心會來不及去布道，或擔心這人會造成危險。他們心想，如果停下來幫助這人，我可能會怎樣？

金恩博士卻主張，撒馬利亞人的創新之處就是提出不同的問題：要是我不停下來幫他，他會怎樣？

對艾德瑞安來說，這就是他想要回答的問題。這個想法會驅使他不計後果追求北韓解放。艾德瑞安告訴紐約那些駭客，這種想法會「改變一切」。

他殷殷切切追問，科技能讓侵害人權的事在瞬間傳遍全球，我們就像從旁經過的路人，怎可計較風險，不停下腳步協助？

「如果我們不停下來協助這些人，他們會怎樣？」他問。

對艾德瑞安來說，想法會流通，但資金與願意協助的夥伴卻難尋。艾德瑞安的期盼與二十一世紀行動主義之間的緊張關係，令他相當頭痛。

有個人近距離看出了艾德瑞安在奮力面對這種緊張關係，他就是麥可．霍洛維茨（Michael Horowitz）。這位猶太人權運動人士在保守派智庫哈德遜研究所（Hudson Institute）負責國際宗教自由計畫（International Religious Liberty Project）。霍洛維茨與艾德瑞安共同合作，一同為艾德瑞安的目標向布希政府施壓，要他們把北韓人當作難民。

霍洛維茨在華府頗有名氣，原因是他能說服不同信念與不同政治立場的人，整合出一致的計畫。在二〇〇四年《北韓人權法案》公布之後，霍洛維茨就想促成行動人士、神職人員與人權運動人士更努力對抗金氏政權，並注意北韓正在發生的侵害人權暴行所引發的衝突。

他把艾德瑞安視為有潛力的領袖，他讓人更加注意到他們對北韓人權付出的努力。霍洛維茨甚至說，艾德瑞安可以當第一任韓裔美國總統；說這樣的話似乎是沒想到艾德瑞安的出生地會讓他無法競選。

他們的交流有時候免不了爭執，但還是彼此尊重。「我老是捉弄他，」霍洛維茨回憶道，「艾德瑞安，你有智慧、動力和能力，可以名留青史。我們可以讓北韓政權垮台……但對他來說，這樣實在扯太遠了。他可不願成為代言人。」

霍洛維茨賞識艾德瑞安的犧牲奉獻，即使這名年輕人不願意帶入霍洛維茨為他打造的公共形象。霍洛維茨認為，如果艾德瑞安往金融或法律界發展，肯定能發大財。然而，這位常春藤聯盟畢業的高材生卻把一切投入營救北韓人的事業。

二〇〇九年十一月十二日兩人的對話，正好可讓人一探艾德瑞安的心態。那天晚上，霍洛維茨先是提到韓裔美國人在北韓議題上缺乏領導者，艾德瑞安受到了刺激，遂於晚上十點十二分回應道：

■沒有人選我當韓裔美國人社群的領袖。關於你對廣大群體發的牢騷，我沒有答案，我跟你一樣失望，且失望程度甚至比你還深。我正設法讓大家參與，但也沒辦法光是屏息等待。我知道你覺得挫折，但是要知道，若想砲轟傳訊人來減輕自己失望，這樣是無法贏得盟友的。

霍洛維茨在晚上十點四十九分回應：

■你——或任何的韓裔美國人領袖——何時願意承受孤立與失敗的風險，採取冒險的領袖行為，而且不去回頭張望其他人在哪裡？

艾德瑞安似乎覺得自己受到責怪，於是在晚上十一點十七分回應：

■幾年前，我已經不再忍耐，最後還因此被關進中國監獄，然而我無怨無悔，很快又再採取行動。當你說：「別等待，做就是了」，我不確定那究竟是什麼意思。我們大膽投入地下活動——或許太大膽了，也付出了代價，但我們還是繼續付出。但既然要領導團體展開運動，又怎能吝於**些許**等待？我可以照自己的意思發一堆新聞稿、召集一堆會議，但如果沒有人來，我們又會落入何種境地？多年來，韓裔美國人的群體中已有一股慢慢醞釀的湧動。許多地下運動先鋒背後都有韓裔美國人的金援與支持。我所服務的對象並不是教會領袖，或是聯盟的會長，而是確實可幫助我們獲得燃料，讓車子往前駛的人。我自己還在這個群體中逗留徘徊，是因為非常個人的內心痛苦經歷——他們確實是我的家人，而因此道德模糊性（與怯懦）就更加有破壞性。

若要估量艾德瑞安的心思及他所感受到的壓力，應該不外乎他八月才剛與W.結婚這件事，那時是與霍洛維茨對話的前幾個月。無庸置疑，他會繼續追求理想，為解放北韓而奮鬥，但他也得考慮新組成的家庭。

艾德瑞安在世上的名氣水漲船高，與愈來愈多重要人士建立起人脈。具宰會是與他相識已久的良師，也在自由北韓成立之初就給予經費；在他看來，艾德瑞安依舊是設法在世界上想有一番作為的年輕人。

即使艾德瑞安獲得了TED的研究經費與其他肯定，但兩人相見時，具宰會還是把這名年輕人當成大學生看待，每回吃完午餐，老是把皮夾裡的錢全部給他。

「我總在想，哎呀，你沒賺多少收入，但願這能幫你付幾頓飯錢，」他回憶道，「我想他真的很感謝吧。」

二〇一〇年，他們見面後的幾個月，艾德瑞安在電腦前待到很晚，背景則有電視在播放節目。接下來，出現了一則木工工具箱的廣告，而木工正是具宰會的興趣。

艾德瑞安馬上下單訂購，送到具宰會家。「我想你會喜歡。」艾德瑞安告訴他。這樣的行為正是艾德瑞安會衝動展現慷慨的個人特色：他在許多進入他生命中的人身上，留下了這項特質的痕跡——無論雙方交會有多麼短暫。

七　自由

既然我們已無需躲藏，為何又要活在以我輩靈魂打造的墳墓？

——利比亞詩人哈立德·馬塔瓦（Khaled Mattawa）

杜拜
二〇一一年

「北韓政權就是以這種方式取得強勢貨幣。」艾德瑞安向餐桌對座的奧沙馬·阿布沙古爾（Ousama Abushagur）悄聲說；兩人是剛結識的朋友。

他們在阿拉伯聯合大公國的杜拜見面，地點是「平壤玉流館」（Pyongyang Okryu-gwan）。這間餐廳位在歷史悠久的德伊勒區（Deira）中心，步行到知名的杜拜灣並不遠，那裡依然有許多阿拉伯木製帆船，會載著電視、洗衣機與其他商品往返伊朗。

這間餐廳之後會在COVID-19疫情大爆發後關閉，但它是平壤知名老牌餐廳的分店，招牌菜是平壤冷麵，亦即搭配冷湯食用的蕎麥麵。餐廳本店位於北韓首都，可容納超過兩千名客人，在亞洲設有多家分店，加德滿都與北京都見得到這家餐廳的蹤影。二〇一六年，《華盛頓郵報》一篇報導估計，北韓在海外設立的餐廳超過一百家。而根據南韓《朝鮮日報》（*Chosun Ilbo*）的報導，每間分店可貢獻三十萬美元給北韓政權。雖然看似微不足道，但是對遭到嚴重制裁的政府來說，這筆錢不容小覷。

賣蕎麥麵是北韓政府神祕的「三十九號室」轄下的奇怪活動之一；三十九號室一年會幫政權賺進數億美元。根據前北韓將軍兼政治人物金光鎮（Kim Kwang-jin）的證詞，三十九號室原本是「三樓」的三間機構之一，亦即平壤勞動黨建築物的三樓。為了要取得外幣供金氏家族與政權的圈內人使用，三十九號室會進行可賺錢的投機活動，包括販賣海洛因、保險詐欺，以及從國外網路進行偽造工作。

杜拜的玉流館中不見共產黨的庸俗。反之，店家強調自然意象，餐館內有一幅巨大的白頭山繪畫——這是跨越中韓國界的火山[1]，也是孕育韓國人與北韓領導者的神祕搖籃。另一幅畫上繪有老虎。女服務生穿著粉紅色服裝，和刻板印象中嚴肅無華的北韓外交人員形成尖銳對比。晚餐之後，女職員會拿起吉他與麥克風，拉開嗓子大唱北韓歌曲，節目長度為一小時。

二〇一一年五月，在杜拜這家餐館中，艾德瑞安與阿布沙古爾大啖韓式泡菜與韓式烤牛排（galbi）——這道烤牛小排是相當受歡迎的菜色。艾德瑞安往同伴挨近一點，說北韓間諜與軍火商常在這間餐館達成交易。阿布沙古爾看得出來，艾德瑞安喜歡造訪帶著少許危險氣氛的場所，享受其中的刺激——員工與客人雖然有些看起來很可疑，但都不知道艾德瑞安把人生投入於搞垮他們親愛領袖的事。

這兩人是幾個星期之前才在推特上相識的。

四月，艾德瑞安坐在布魯克林的無電梯公寓中，碰巧在《華爾街日報》上看到奧沙馬的故事——他是利比亞反對派人士之子，相當熟稔科技。這篇文章描述奧沙馬如何與其他反抗者合作，取得阿聯與卡達的協助，在利比亞成立自己的手機網路。這關鍵的一步可讓組織鬆散的民兵透過手機彼此聯絡、對抗政權，不用擔心被疑心病重的統治者格達費派出的間諜竊聽。

當時支持民主的示威從突尼西亞開始，如野火燎原在中東擴散開來。人民對貪腐獨裁的政府累積了數十年的憤怒，這下子街頭爆發大規模抗爭，還與警方發生暴力衝突。原本看似權力無邊的強人，例如突尼西亞的宰因．阿比丁．班．阿里（Zine El Abidine Ben Ali）與埃及的胡斯尼．穆巴拉克（Hosni Mubarak）別無選擇，只得下台。但利比亞的格達費與敘利

1 註：白頭山在中文稱為「長白山」。

亞的巴夏爾・阿薩德（Bashar al-Assad）則是殘暴地鎮壓人民。

從阿拉伯之春一開始，艾德瑞安就毫不保留予以支持。二〇一一年一月三十一日，他在《基督科學箴言報》（*The Christian Science Monitor*）就寫過評論，呼籲歐巴馬總統（Barack Obama）提供支援給遍及整個中東的抗爭與反對人士。

在這篇文章中，他問：「美國的存在是否和任何一個國家一樣，只保護自己的公民、邊界與戰略利益？或者我們不只如此，而是如甘迺迪總統所言──這個國家與人民會把『自由的存在與成功』視為最基本的目標。」

利用捐贈的設備、大筆現金與純熟技術來建立反抗者的行動網絡──這些事格外引起艾德瑞安的興趣，因為他預見北韓也會發生類似的事。艾德瑞安很好奇，金氏政權垮台時（他從不思考「會不會」垮台的問題），不知道自己與愈來愈多的志工能靠何種實際作為，來穩定北韓這個國家。

在讀了《華爾街日報》的報導後，艾德瑞安聯絡上奧沙馬，想與他見面，也想看自己能提供何種協助。奧沙馬說，他人在阿拉伯聯合大公國。幾天後的二〇一一年四月二十四日，艾德瑞安就來到杜拜與他相見。「他是那種做了決定就去履行的人。」奧沙馬回憶道。

這兩人一拍即合。他們都出於熱忱，要協助受政權壓迫的人擺脫獨裁枷鎖，也相信科技可能扮演關鍵角色。艾德瑞安的企圖心似乎比較大，冒的風險較高。他馬上把奧沙馬拉進他廣布全球的人脈圈——裡頭人才濟濟，各有不同的能力與網絡，是艾德瑞安地下工作的核心元素。

奧沙馬在阿拉巴馬州立大學亨茨維爾分校（University of Alabama in Huntsville）就讀工程學，在電訊與軟體領域工作過幾年。艾德瑞安這時已經是好幾年的ＴＥＤ資深會員，也熟悉科學界的語言。他開發「飛馬計畫」目的就是要在封閉社會中傳播訊息，也正是奧沙馬渴望納入的計畫型式。

艾德瑞安對這位新朋友的父親尤其感興趣。穆斯塔法．阿布沙古爾（Mustafa Abushagur）畢生反抗格達費政權，是拯救利比亞全國陣線（National Front for the Salvation of Libya）的創始成員。他是電機工程學教授兼企業家，在一九八四年取得加州理工學院的博士學位。奧沙馬小時候在晚餐時間與週末，都看見爸爸和朋友爭論該如何對付格達費政府；這情況看起來格外怪異，因為他們當時住在美國的亨茨維爾與羅徹斯特（Rochester），爸爸白天還要上班養家。艾德瑞安認為，這就證實他長久以來的信仰：若能專心投入一項目標，任誰都能在塑造歷史的過程中扮演某種角色，無論一開始那份力量有多麼渺小。

格達費政權現在已在逃亡，穆斯塔法．阿布沙古爾與老友們突然被世界各地的政府視為合法的利比亞代表。他們沒經過什麼正式程序就獲得承認，只不過是自信主張他們屬於利比亞全國過渡委員會（National Transitional Council，簡稱ＮＴＣ），並表示一旦內戰勝利，就要舉行大選。（穆斯塔法・阿布沙古爾曾在格達費政權垮台後，於二〇一二年短暫擔任利比亞總理。）

自從艾德瑞安與奧沙馬在杜拜的北韓餐廳會面之後，兩人持續以電郵和Google Chat頻繁聯繫，談論可能在利比亞展開哪些計畫。奧沙馬解釋，他的下一個計畫，是要在米蘇拉塔（Misrata）成立另一個更接近的黎波里的反對派手機網路，這將是關鍵的一步——讓全國過渡委員會的兵力對格達費藏身處發動最後一波攻勢。艾德瑞安設法為這項計畫尋找捐款人，但最後，奧沙馬是獲得阿布達比的阿聯電信公司捐款。在當時，阿聯政府是支持對抗格達費的反對陣營。

七月，奧沙馬花了三十小時，搭漁船從馬爾他前往米蘇拉塔。奧沙馬帶著原是供天災時通訊用的小耳朵、電池及「快速部署套件」，在短短一個月內就讓系統上線。他一度被迫在漁船上枯等一個星期，後來那些缺少的零件快速從美國送到馬爾他，才再以另一艘漁船送到利比亞。

那時，艾德瑞安等不及想投入這場衝突，即使他起初只是在場的觀察者。利比亞內戰衝突達到頂點，而在艾德瑞安看來，這是封閉的社會進入全球秩序的罕見機會，而且還少了強人獨裁者。這整個區域充滿希望，大家熱烈爭論如何打造未來，以及對世界各地遭其他獨裁政治束縛的國家來說，這次起義有何意義。

的黎波里在八月底落入反抗者手中時，艾德瑞安與奧沙馬講好，他們會盡快一同前往首都。

二〇一一年九月十八日，艾德瑞安在馬爾他國際機場踏上一架有螺旋槳的飛機，機內空間頂多容納二十多個人。機尾寫著WFP，亦即聯合國糧食計畫署（World Food Program），為聯合國專門處理全球糧食安全議題的部門。

年僅二十七的艾德瑞安與三十一歲的奧沙馬正要前往的黎波里，那裡曾是格達費的重要據點，三週前才剛落入反對派手中。

這架由聯合國人道空運服務（United Nations Humanitarian Air Service，簡稱UNHAS）來操作的飛機若有空位，便免費讓人道救援人士與記者搭乘。人道空運服務不久前才開始飛往的黎波里，載運救援、聯合國人員與國際外交人員。奧沙馬身為利比亞的反對勢力，獲得兩個空位，可讓他倆搭乘。

在的黎波里，這段時間令人覺得興奮刺激。格達費的勢力火速逃到利比亞中部的蘇爾特，只苦撐了一個多月，之後利比亞內戰的第一階段便戲劇性落幕——格達費被人從原本藏身的排水管趕出來，後遭反對派殺害。

在的黎波里，看起來強硬的利比亞參戰者（多半十幾二十歲）泰半時間站在輕型卡車上，對彼此的地盤爭吵不休，恰好預示這國度在未來幾年將發生嚴重的內鬥。

這是艾德瑞安第一次來到戰區附近。武裝的反對派悄悄入侵的黎波里，點燃大規模暴動，結果成功推翻政權。這次任務稱為美人魚黎明行動（Operation Mermaid Dawn），導致格達費潰敗，之後的黎波里相對安靜。不過，反對派還是夜以繼日對空鳴槍。在最初歡天喜地的幾週，就有幾十人被掉落的子彈擊中，旅館房間的窗戶也見得到零星彈孔。

從北韓觀察者的鏡頭來看，利比亞現場情況深具啟發意義。這裡原本是中東的隱士王國，現則完全由國民掌控，而和金氏政權的暴君同樣有自大幻想的殘暴領袖也倉皇逃離。原本掌控國家心靈與實體的機制崩潰，速度快得超乎想像。

如果利比亞人做得到，或許北韓人也有機會。

艾德瑞安待在的黎波里的那一週，他與過渡政府的成員見面，也欣見革命有所成果。艾德瑞安著手與另一名TED研究人員蘇萊曼．巴希特（Suleiman Bakhit）把受傷戰士從米蘇拉塔送到約旦治療。米蘇拉塔人歷經整場內戰中最激烈的戰役，許多人失去手腳，還得應付嚴重的傷勢。

在晚間，艾德瑞安會與奧沙馬聊到深夜，談論從利比亞經驗學到的教訓，例如關於西方的經驗多年來如何滲透到這國度，於是開始鬆動政權的牢固基礎。利比亞年輕人比任一個北韓人都還要能與世界接觸。他們有臉書，為小賈斯汀（Justin Bieber）著迷，甚至在二〇〇〇年，電視節目《六人行》（*Friends*）在利比亞爆紅，雖然影集稍嫌過時了。

一天晚上，他們開車前往奧沙馬的家鄉蓋爾揚（Gharyan），參與攻陷的黎波里的慶祝派對。這是一趟深具激勵性與啟發性的旅程，可看到過去與世隔絕的國民揮舞利比亞的新國旗，興奮地聊到凌晨。

艾德瑞安遇見全國過渡委員會的成員時，對於平凡瑣事和宏大概念都很有興趣。他想知道他們如何取得經費、追蹤金流與分配的方式，也想知道如何和外國政府互動，確立自己的正統性。幾年後，奧沙馬想起艾德瑞安腦袋裡齒輪是如何運轉的。

「他明白，自己的國家自己救，」奧沙馬說，「沒有人會幫你扛起困難的任務。」

財務向來是橫在艾德瑞安眼前的一大挑戰。他滿腦子遠大理想，有野心勃勃的計畫，只是沒有多少資金來實現。朋友說，他自行資助北韓計畫，已把信用卡刷爆一萬美元。

艾德瑞安發現，外國政府會把大量資金注入全國過渡委員會。如果他也能激發這樣的行動，他有信心會有資金流入；而與他志同道合的團體會彼此合作，一舉推翻金氏家族。

在旅程即將結束之際的某一天，艾德瑞安硬是把奧沙馬帶去的黎波里的北韓大使館開會。格達費在一九七〇與八〇年代與北韓建立起密切關係，讓北韓成為反抗西方優勢的集團成員。利比亞是北韓武器的一大買家，有幾百個北韓人住在利比亞當廉價的建築工人，把外匯送回祖國北韓。

進入大使館之後，艾德瑞安介紹起奧沙馬這個人，說他是政府的新成員，他也詢問北韓是否有辦法提供建築工的人力，好重建利比亞。

這場會面是場詭計，基本上就是讓艾德瑞安踏上北韓領土，藉此近距離研究北韓外交官的行為。

艾德瑞安用利比亞當作訓練場，發揮更大的雄心壯志。這國家的內戰讓他可在不受拘束的領域運作，並與政府官員及反抗軍聯繫，同時思考與北韓有何類似之處。

阿拉伯之春甫展開，北韓觀察家就開始悄悄談起金正日與北韓的接班人規畫。

二〇〇八年，這位親愛的領袖中風之後身體虛弱，狀況大不如前。北韓在此事發生後的轉變，讓德國駐北韓大使舍費爾開始發現，關於北韓統治的既有觀點並不正確。

多年來，無數觀察者把這國家描述為由一個強大的王朝統治，其領導者可肆無忌憚發揮權力，幾乎沒有人會提出限制或質疑。然而舍費爾派駐平壤時，他解讀國家宣傳的字裡行間，分析在平壤與他對話的人的言詞，遂開始認為真正的權力掮客是王座後方那些不苟言笑、匿名的最高官員幹部。

舉例而言，在二〇〇七年秋天，健康尚未出問題的金正日在一場南北韓高峰會中，准許私人投資進入北韓。乍看之下，協議談妥了。但是在宣布之後，全國報紙開始把外國投資說成在破壞北韓政府。報紙編輯說，這對「主體」心態形成隱形的威脅。

幾個月後，在二〇〇八年元旦，政府頒布一項新決議：北韓企業的經濟收益與獲利表現良好，不再允許外國投資。

「金正日同意一項政策，日後遭到質疑，之後他受到或許可稱為幕後領導黑手的斥責，」舍費爾說，「於是政策逆轉。」

之後在那年夏天，金正日中風，其中一名兒子金正恩站到聚光燈下，成為可能的接班人。金正恩正如父親，開始接掌更重要的角色與責任。軍隊在二〇〇八年誓言對他效忠。隔年一月八日，金正日告知負責控管人事的組織指導部（Organization and Guidance Department），他的么子將成為繼承人。

但再一次，舍費爾訝異觀察到，金氏王朝勢力弱化之際政策轉向的情況紛紛冒了出來。在整個二〇〇九年，軍隊與政府的超保守勢力推動截然不同的政策目標，和金正日在中風前的走向大相逕庭。

北韓彈道與核武測試的次數增加，多年來舉辦好幾次的六方會談取消了。北韓的經濟政策緊縮，商人階層是把市場經驗帶進北韓的重要關鍵，這時深受貨幣改革痛擊。人民受到更嚴格的控制，電視與國營報紙上出現更多軍事領導人的報導。

從舍費爾的觀點來看，這不光是北韓的立場開始更趨強硬，由此也可確認北韓的隱藏政治活動。誤解權力的背後動力，正是外界與北韓數十年來發展外交失敗的根源。

二〇一一年十二月十七日，金正日心臟病發離世。過了十二天，煞費苦心編排的送葬行列在平壤市中心覆著細雪的大道上遊行，哀悼的民眾站在大道兩邊悲慟哭號。金正日選定繼承的么子金正恩就走在靈車旁。

許多觀察家認為，這位獨裁者死亡後，可能造成北韓政府出現一段疲軟期。金正恩能拔上父親與祖父的龍袍嗎？或者如鷹派的北韓觀察者所願，權力中空狀態會產生破口，帶來改變——全面掌權的朝鮮勞動黨不再有那麼強的力道繼續掐著人民的脖子。

事實上，過去的官員指出，就連世界頂尖的情報機構，也經常對北韓的發展大感驚訝。北韓金氏家族動態與國家安全決策受到嚴密的保護，因此外界提出的最佳見解常常只是歪打正著。對於這些北韓官員最具精闢見解的，是看過這些官員的老師與同學，即使師生們並不自知眼前的這號人物是誰。金氏政權似乎知道，北韓領袖不能只吃政府賜予的甜頭。金正恩還小的時候，就連同哥哥和妹妹被送到瑞士，這樣才能更廣泛了解世界真正的模樣。

回到開羅，我寫訊息給艾德瑞安，問問他的想法。這次臨時起意的訪談，是最能完整一探他思維的公開訪談。不久之後，他開始避開媒體邀約與活動，走入更深的陰影中。

凌晨一點三十二分，他在紐約登入Google Chat聊天，妻子W.則在隔壁房間睡著。

在談到飛馬計畫時，他解釋，這是在封閉社會中運作的。「如果考量主題與所涉及的風險，我的工作會盡量在公眾面前保持樣貌模糊。」他寫道，也解釋他和自由北韓的過往、曾在中國遭到逮捕一事。

關於北韓，他的觀點是，金正恩崛起為最高領袖已有長久規畫，這樣政權才能順利交接。金正日的死亡或許全球都覺得驚訝，但黨的領導階層很久以前就知道這情況可能發生。他們囤積了好幾個月的食物，因此金正恩一上台，就能先增加食物配給與貨物——這對新領袖而言是旗開得勝。

他跟我解釋自己在中東做什麼：「我把阿拉伯之春當成是北韓的彩排。」

艾德瑞安：北韓處於人民對立面，其致命程度、準備程度與規模之大，是超過敘利亞、利比亞、埃及、突尼西亞或葉門的。目前是如此。

無論從哪個範疇來看都是如此，例如公共維安與祕密警察的滲透程度；軍隊規模與流動性；人民絕望、普遍貧窮和營養不良的程度都是。

我：不過，你這是在表達一種感受，或者你知道北韓國內有什麼活動者對政權交替感興趣？

艾德瑞安：一直都有，但過去都被鎮壓，或者他們躲起來了。這個月有消息指出，武裝北韓軍人脫北到中國，然後消失了。還有數十萬流亡在外的脫北者都付出努力，想改變平壤。他們有許多家人還留在北韓，或在集中營裡。

他繼續解釋，沒有哪個北韓領袖會在有選擇的情況下改革國家。

艾德瑞安：他們做得太過分——公開處決、大型集中營、系統性地讓不夠忠誠的人餓死。北韓是國際犯罪法庭求之不得的對象。他們知道，任何改革的機會都等於開啟了下面這種可能性：國內外大規模控訴他們犯下危害人類罪。他們也看過班．阿里、穆巴拉克的情況，尤其還有今年的格達費。

在登出之前，艾德瑞安透露了他之後打算做什麼的暗示。

艾德瑞安：北韓可能崩潰或不穩定，但各國政府與重要機構往往都沒先做好準備。現在該是回去看看這些規畫，確保計畫合乎水準的時候了。

接下來六個月，對異議者與自由運動人士來說，會是推動改變的良機。

幾年後可以清楚看出，利比亞的轉變並未如當初預期那樣成為佳話。聯合政府不久即分崩離析，不同區域的民兵對未來持不同意見，陷入彼此交戰，國家的經費讓零散的地盤遭瓜分。格達費的兒子賽義夫．格達費（Seif al-Islam）原本是一群自由鬥士的囚徒，二〇二二年初卻變成他們的領導人，盼能成為第二個統治利比亞的格達費。

艾德瑞安從利比亞的旅程歸來之後不久，就和朋友奧沙馬合作，想在的黎波里推動舉辦TEDx會議的計畫，以這個方式參與利比亞史無前例的機會，重新思考其未來可能的樣貌。畢竟利比亞現在擺脫了舊政權，也可趁此機會把北韓搬上檯面討論。

這次活動於二〇一二年二月十三日在的黎波里高檔的里克瑟斯（Rixos Hotel）飯店舉辦。講者包括哈佛商學院教授布魯斯．史考特（Bruce Scott），他發表了一場啟發人心的談話，討論資本主義與民主議題。漢娜．宋也是其中一名講者，她在艾德瑞安辭職後就擔任自由北韓的會長，這次她跑這趟行程，是要談論北韓發生類似政權更迭的可能性。

漢娜開始演講時，背後有張投影片，標題是「改變北韓」。標題下有兩個字和一個箭頭：

不可能（Impossible）→無法避免（Inevitable）

「許多人對北韓不抱期待，說那裡毫無希望、無法改變、沒有任何可能性。但我今天在此告訴各位，北韓正在改變，且是由人民所推動的。」她宣稱。

艾德瑞安在聽漢娜的演講時，認為「無法避免」並不代表等待與觀望。艾德瑞安相信，就像突尼西亞自焚的菜販引發阿拉伯之春，個人舉動一定可能點燃改變。

八　地上與地下

極權主義的教育目標，從來不是灌輸信念，而是把形成任何信念的能力摧毀。

——漢娜．鄂蘭（Hanna Arendt），政治哲學家

華府
二〇一二年九月

約瑟夫個子瘦小，是自由北韓最早營救的脫北者之一；他於二〇〇六年來到美國。艾德瑞安站在他身邊儼然像個巨人，也是朋友口中「穿西裝的」，看起來相當得體。

艾德瑞安把光滑的頭髮往後梳，修剪出山羊鬍，黑色西裝搭配著鮭紅條紋領帶。他發表了標準的遊說演講，談的主題是北韓。即使已講過幾百場，他的聲音聽起來依然精力充沛，熱情滿滿。

「這個問題不會自己消失，」他告訴華府哈德遜研究所成群的觀眾，「北韓終有軟著陸或硬著陸的時機。終有一天，那些人民會自由。但問題是，在那天到來之前，有多少人得付出生命的代價？」

這場活動表面上是慶祝記者梅蘭尼·柯克派翠克（Melanie Kirkpatrick）的《逃離北韓》（*Escape from North Korea*）出版；那本書談及協助脫北者前往南韓或西方國家的地下網路。這是一場標準的智庫政策早餐會，舉辦地點是一間大大的會議室，牆面有木鑲板，還有張擺著免費咖啡與丹麥麵包的桌子。這群人包括擬定政策的大人物、現任與前任外交人員，還有學者。艾德瑞安對這個圈子再熟悉也不過，這是他時時參與的「地上」世界。

但還有另一個地下世界，那是與「穿西裝」對立的人生。艾德瑞安習於在兩個世界遊走；只是，他於兩個世界所分配的時間在天秤兩端即將出現變化。

二〇一二年底，艾德瑞安成立了祕密組織，他稱為「千里馬民防」（Cheollima Civil Defense）。千里馬是韓國傳說中的神祕馬匹，在海報中經常被描繪成長有翅膀的樣子，一如艾德瑞安的最愛——源於希臘傳說的飛馬。千里馬的「里」是中國測量距離的單位，大約是〇·三一哩，或半公里。這隻神祕的馬一天可跑一千里——挺厲害的，但也不是高得太離譜。

直到最近，艾德瑞安把生活分成兩個部分：一是他的商業顧問公司「飛馬策略」，即他的生財工具；另一個則是他成立的非營利組織「飛馬計畫」——該組織會想出有創意的方式，在極權國家傳播資訊。現在他又添了第三個區塊，而且神祕色彩更濃厚。

千里馬民防只有幾名成員，包括艾德瑞安童年的朋友，還有其他硬派的行動人士、學者，甚至商人；他們都有相同的渴望，想要發揮影響力。他們的共同點是為北韓感到悲哀，而又對「地面上」組織目標的進展很挫折。艾德瑞安感覺，許多人都對捐款與政府經費上了癮，拿到錢就舉行政策早餐會與寫報告。

艾德瑞安閱讀《平壤水族館》、全心投入北韓事務，已是十年前的事。然而經過了中間這些年，卻沒有多少改變發生。西方政策擬定者仍著重於將此問題塑造成關於一個坐擁核武的流氓國家的議題。智庫的活動（例如這次在哈德遜研究院舉辦的活動）會邀請艾德瑞安與其他人（例如約瑟夫）一起談論北韓人權；但是在艾德瑞安看來，那感覺起來不過像櫥窗擺飾。政策擬定者在處理北韓問題時，依舊視之為一個謎，最好是以賽局理論來處理——也就是決策者採用數學模型來研究合作、衝突。

以北韓問題來說，採用賽局理論就表示美國必須隨許多金正恩政權虛張聲勢之舉而起舞，這樣才能督促他們選擇無核化。外交人士主張，穩定、堅定的方法終能帶來成果。然而這些努力在各方面統統失敗了。不僅無核化的對談沒有收效，北韓還累積了更多彈頭、更多強力火箭，以及供核武使用的系統。

對北韓來說，好戰姿態是管用的。「他們想坐擁核武，也想與美國保持正常關係。」前中情局官員約瑟夫．狄長禮（Joseph DeTrani）說；他在二〇〇三到二〇一六年的泰半時間，都在處理美國與北韓的會談。「他們覺得只要堅持到底，就能有所成就。」

二〇一二年，美國與北韓的關係就像雲霄飛車，完全體現強權間的會談性質就好比在繞圈打轉。二〇一二年一月，北韓禁止人民使用手機一百天，以紀念剛過世的金正日。到了二月，一座十八呎高（約五．五公尺）的雕像與將近四百呎寬（約一百二十公尺）的石雕，在他七十歲冥誕揭幕。

之後，二月可能進行新回合會談的希望曾短暫出現。在一月二十九日，北韓甚至宣布暫時停止核武與彈道飛彈測試，也停止增加鈾的儲存，還准許國際視察者前來核基地。

就像時鐘的齒輪發條裝置那樣，在新一回的挑釁之後，一切付諸流水。才過了兩個星期，北韓就宣布發射長程火箭，而歐巴馬總統在出訪首爾時說：「北韓光靠威脅，是無法成就任何事的。」到了四月，火箭測試失敗，而北韓再度宣布，撤銷二月宣布的暫停核試。

雖然利比亞內戰啟發艾德瑞安，讓他開始懷抱北韓終究會發生起義的夢想，但同樣的衝突，也讓北韓不再信賴美國任何的長期承諾。美、英與其他世界強權從一九九〇年代晚期開始和利比亞改善關係，格達費甚至公開譴責蓋達組織對美國發動九一一攻擊，還誓言會協助未來的「反恐戰爭」。

到二〇〇六年，美國已將利比亞從支持恐怖主義國家名單中移除。二〇一一年爆發內戰時，格達費之子哈米斯（Khamis）正前往美國，他要在艾奕康科技公司（AECOM Technology Corporation）實習；另一個兒子賽義夫·伊斯蘭則有倫敦政經學院的學位，還被包裝出改革者形象，要讓利比亞成為第二個阿拉伯聯合大公國——阿聯是具備現代性與溫和色彩的地方。

然而，局勢很快出現大翻轉。在暴動後不久，美國不再支持格達費政權，並給予反對派關鍵的軍事支援，足以讓他們奪取這國家。八個月後，有人指稱北約對車隊發動空襲，而人就在車隊中的哈米斯命喪黃泉。

曾關注北韓的情報官員說，對北韓人而言，這些事件是關鍵情報，說明花言巧語的西方人實際上是以怎樣的方式看待他們結交的「新朋友」。他們要依照美國的規則來打球。他們不僅是次一等的，而機會敲門時，西方人還可能拋棄這些新朋友。

經過那次經驗，加上年輕的金正恩崛起接班，北韓於是更大膽、更緊抓著核武不放。在金正日統治即將落幕及兒子崛起初期，強硬右派的軍方勢力顯然攀升，在在證明當時駐北韓德國大使舍費爾的看法，亦即北韓真正掌權者是領袖背後的藏鏡人。

金正日去世之後，「先軍」政策大幅強化。舍費爾觀察到，平壤加強了對人民的控制，能夠逃脫的難民減少，政府指派的監護者也更常干預像他這樣的外交人員。突然之間，北韓的官員開始抱怨起大使館內的官員在使館範圍使用Wi-Fi。「他們擔心北韓人可能會上網。」他說。

早在金正日於二〇一一年去世前，肅清行動就已如火如荼展開。根據國際特赦組織的說法，在二〇一〇年，大約有三十名參與南北韓會談的官員不是被處決，就是死於「安排好的交通事故」。另外還有兩百人在金正日去世後馬上被捕消失。

顯然，北韓領導階層進入了危險的新階段。

對於像艾德瑞安這樣的理想主義者來說，若硬要把北韓視為影響遍及全球的「囚犯困境」，會令人相當苦惱。他在哈德遜學院的演講指出，他相信，朝鮮勞動黨必將崩潰。這樣一來，還在等什麼？為何要讓另一個世代的北韓孩童被洗腦與奴役？

千里馬民防是艾德瑞安提出的解藥——解決這種光說不練的戰爭遊戲。首先，要先蒐集情報。如果說艾德瑞安有什麼天賦，那就是善於長程旅行，遇見形形色色的人，並花時間與他們培養關係。對每一位脫北者、人道工作者與官員，艾德瑞安會準備好回應，而他們也都渴望分享自己所知的事。

結果，廣大的情報網絡就此萌芽。艾德瑞安善於將一個個人脈節點連結起來，建立起自己的網絡。到二〇一二年底，這網絡已經夠茁壯，因此他拐彎抹角地吹噓說，他有辦法接觸到北韓政權內部人士（通常是靠間接聯繫）。這種見解引起外國情報機構的興趣，美國政府當然也不例外。

或許也在意料之中，從國外旅行回來後，艾德瑞安開始被紐約聯邦調查局反情報部門盤問。聯邦幹員先是在二〇一一年底出現在他家大門。因為他們發現，有一位持有綠卡的年輕墨西哥公民，在內戰時期的利比亞一待就是好幾個星期。

「他們提出幾個問題。」他之後對一位朋友笑談聯邦調查局來訪的經過。不過，艾德瑞安把原本可能造成對立的做法，變成對雙方都好的關係。當然，他知道自己的工作不太可能被美國政府正式批准，因為政府絕不會為了區區幾個脫北者，就冒險與擁有核武的國家起衝突。不過，要是他發現自己陷入麻煩，那麼與聯邦調查局有聯繫的話，就表示他可以打電話找某人。他透過日益擴大的網絡所得到的情報資料，有時最好的用途就是告知美方，有外國政府正在進行祕密武器運送，以及中間人在透過商業交易為金氏政權的資金洗錢。他也相信，政府內部會有人（包括政策擬定者與情報人員）和他一樣，想對北韓採取力道更強的手段。他想，在危急關頭，他們或許會幫他脫困。

艾德瑞安養成習慣，從國外回來之後就與情報員見面，報告所見所聞。有時候，他會在阿聯這樣的地方發現某位商人的名字，這人可能是規避制裁的要角。有時候，他可能會對北韓的現況提供觀點。艾德瑞安經常和北韓相關的高知名度脫北者及商人聯絡，但那些人未必會和美國情報員聯絡。聯邦調查局的情報員會盡責寫下資訊，卻不會給予任何報酬。雙方談話氣氛愉快友好，但情報員知道這工作要求的條件——永遠當接受的那一方，不要主動提供什麼。他們看似朋友，但果真如此？

接下來的一個月，也就是二〇一二年十月，艾德瑞安啟程前往首爾和的黎波里。在利比亞，他看見打造新國家的計畫是怎麼在內鬥與爭奪地盤之中分崩離析，這讓他痛心。

他朋友奧沙馬的父親穆斯塔法．阿布沙古爾是艾德瑞安的導師，有自下而上開始建立反對勢力、為新成立的革命政府獲取國際支持的經驗。不過，這位長輩自己的從政之路遭到重大阻礙。穆斯塔法在二〇一一年九月由民選的大國民議會選為總理，但還沒能做出任何決定就遭解職。另外兩位也在前一個月遭到解職。

在《利比亞先驅報》（*Lybia Herald*）的讀者來函中，艾德瑞安呼籲利比亞政府允許穆斯塔法組成自己的內閣，並專注打造健全的國家。艾德瑞安警告，如果不這麼做，國家會淪為失敗國家。

「現下發生在利比亞的事情，不僅對敘利亞革命會產生嚴重影響，也會深深衝擊未來所有以民主取代獨裁的努力，」他寫道，「『利比亞』模式可能會成為正面範例，或是一記要全世界受壓迫者別輕舉妄動的警告。」

艾德瑞安果然一語成讖。利比亞成為全球大國爭權的戰場。勢力最強大的，就是曾幫助推翻格達費的幾個波灣國家，但之後這些國家又馬上對利比亞的民主轉型造成侵蝕危害。諸如阿聯與沙烏地阿拉伯等國，本質上這些國家就偏好強人統治，因此並不反對一黨一人獨大的統治。不過，格達費本人曾質疑波灣君王的合法性。在阿拉伯之春襲捲各國時，阿聯與沙烏地阿拉伯設法撼動民選政權，以利軍事獨裁者與專制統治者掌權。

這個經驗令艾德瑞安相當內疚。對於阿拉伯之春，他曾那麼毫不保留地懷抱信念，現在那卻淪為阿拉伯之冬，沒有人知道會延續多久。

「他知道，其他國家不會解決你國家的問題，」奧沙馬說，「在革命後，民主未必是最佳策略。」

艾德瑞安沒有動搖信念，依然認為北韓政府瀕臨解體，但是從利比亞人、埃及人與敘利亞人的實際經驗，他學到了一課：必須要有掌控權。

他最珍視的計畫之一，是想像能掌握北韓的電話系統，就像奧沙馬・阿布沙古爾為利比亞做的那樣。他們兩人會仔細思考這項計畫，看哪裡需要取得實體的接觸管道，並思索他們能做些什麼來控制實體的通訊基礎建設。

這就類似一張藍圖。藍圖很快會變成艾德瑞安針對北韓擬定計畫的一大關鍵特色。

艾德瑞安很擅長在最出其不意的地方，瞥見有潛力的消息來源及盟友。二〇一三年初，有個特別吸引人的人選出現：金韓松（Kim Han-sol，也譯為金漢率），他父親金正男是金氏家族矮胖、有爭議性一族當中的異類。金正男是金正日的長子，在一九九〇年代有泰半時間，他被視為親愛的領袖接班人之一，直到二〇〇一年才出現變化。

在北韓，接班是很奇怪的概念組合：一方面是中世紀神授君權的概念，另一方面則是蘇維埃式的命令與對人民的掌控。下一任領袖必須有「白頭山血統」，這名稱源自朝鮮半島最高山「白頭山」，也用來指稱「偉大的領袖」金日成的後嗣。

金正男的母親是成蕙琳，曾是北韓的知名女星。愛看電影的金正日曾與四名女性生下孩子，成蕙琳就是其中之一。金正日瞞著父親金日成與她發生婚外情，直到金正男於一九七一年出生之後幾年，才東窗事發。

金正男就和同父異母的弟弟一樣在國外受教育。金正日把孩子送出國，部分原因是為了守護皇家祕密與神祕色彩，避免孩子受到同儕窺探。金正男和阿姨同住，並前往俄羅斯的莫斯科法國學校、瑞士的日內瓦國際學校與伯恩國際學校就讀，過程中對世界與文化有了更深的認知。他和父親一樣熱愛電影，甚至還有自己的片場可供他拍攝短片。

金日成在一九九四年去世之後，當時二十三歲的金正男獲准進入公共領域，展開許多政府工作。他會悄悄到日本旅行，感受一下從年少時就喜愛的世界文化與料理。

終於，在一九九八年，金正男似乎有望成為父親的接班人。他被指派到人民保安省擔任資深職位，也是朝鮮電腦研究委員會（Computer Committee）的主掌人。他曾隨同父親一起大張旗鼓訪問中國。

但是幾年後，他和兩名女子及四歲兒子前往日本，導致地位暴跌。日本當局發現，他使用假的中文姓名「胖熊」（Pang Xiong），還用偽造的多明尼加護照。他聲稱自己是要帶兒子到東京迪士尼樂園，但是被日本當局拘留了三天。

日本媒體興沖沖報導這起事件，而金正男一獲釋，就把雙層客機頭等艙全包下，以免被大批記者包圍。根據日本新聞報導，他並未返回平壤，而是飛往北京，手上還戴著鑲鑽勞力士表。這件事尷尬而惱人，有違北韓塑造出的措辭強硬形象，也預示著金正男即將失寵。

在金正日指示下，北韓勞動黨的幕後掌權人士也露出了跡象，似乎開始採取破壞行動，不讓金正男成為合法接班人。軍隊發起一項運動，其標語措辭相當謹慎，只是稍嫌冗贅：「敬愛的母親是親愛的最高統帥領袖同志最忠實、最忠心耿耿的子民。」

就實地觀察來看，言外之意相當清楚。誰來接班，還得看母親的身分，而非年紀最大的長子。最高領袖讓眾人的注意力轉向高容姬，她是出生於日本的歌劇明星，也為金正日生下三名排行最小的孩子。這麼一來，就能讓人民做好準備，接受接班人改變一事。在她兩個兒子之中，年紀較小的是金正恩，後來會成為父親的接班人。長子金正哲並不是個理想人選，因為他對打電動的興趣高於政治；而從維基解密（WikiLeaks）釋出一份曾屬機密的美國電報來看，父親金正日認為他「太陰柔」，不是當領袖的料。

金正男可以說遭到驅逐，之後在澳門安頓下來。澳門原本是葡萄牙殖民地，後來變成中國的博弈產業重鎮，金正男帶著妻小（包括兒子金韓松）來到此地。那些年，他的人生大體上是一團謎，但後來發現，他和美國與中國的情報機構都有聯繫，靠著大筆金援度日。他有時會出現在日內瓦，和一名當地的奢華名表銷售商在酒吧同樂。

二〇一二年初，一位《東京新聞》的記者根據與金正男的大量訪談與往來電郵，出版了一本書。他曾在二〇〇四年與二〇一一年見過金正男兩次，要不是金正男原本是北韓接班人，那麼他所說的話根本不會有人記得。他告訴記者：「金正恩的政權不會長久的。」

「如果不改革，北韓就會崩潰；一旦發生這種變化，政權就會解體，」書上這樣轉述他所說的話，「我相信，我們會看見這個政權白白虛擲寶貴時間、坐困愁城，一邊苦惱著該追求改革，或是該堅守現有的政治結構。」

平壤究竟如何看待這種意見不得而知，但從所有跡象來看，這是很具震撼力的發展。這體系在過去數十年來都以獨裁國家的樣貌示人，且傾向共產主義，由被描繪為神權的王朝所統治。這下子，有個家庭成員竟這麼公開、這麼囂張越出雷池，這在政權的領導者眼中根本是邪魔歪道。幾年來，金正男被放逐到澳門，過著紙醉金迷的日子，平壤幾乎沒把他放在眼中，但現在他似乎讓自己成了該被拔除的眼中釘。

二〇一三年，艾德瑞安的人脈在巴黎交上了新的好運。艾德瑞安有個經商的朋友認識金正男與其他散居各地的北韓有力人士，而這位商人把艾德瑞安引介給金正男之子金韓松認識。艾德瑞安搭機前往法國，他在那裡會有個與金韓松面對面接觸的機會，而且會再用上好幾個小時的時間，在巴黎的小酒館更加熟悉他。艾德瑞安後來告訴一位《紐約時報》的作家，這位才剛十八歲的年輕人簡直富得流油，腳上還穿著一雙古馳（Gucci）運動鞋。而他在另一次與朋友的討論中澄清，他這樣說並沒有輕蔑的意思。「我只是來自加州的平凡人，因此看到那麼多錢會覺得超乎想像。」他解釋。

艾德瑞安並不在乎那些財富的來源。重點是，他可以和這種人合作。金韓松的爸爸或許很腐敗，愛喝酒賭博，但這都不是問題。金正男的出身光環——因此他兒子也有這種光環——可成為對抗北韓政權的工具。

在兩人相識的前一年，金韓松只是高中生，但他接受芬蘭電視節目訪問時，曾大力批評北韓政權。被問到未來打算時，他告訴訪談者：「我想要參與更多人道援助計畫，也想對世界和平這個目標有所貢獻。

「我一直夢想，總有一天我會回去，讓情況更好些。」他操著英國腔英語說道。

這段話在艾德瑞安聽來，就像音樂一樣悅耳；尤其在這次訪談中，韓松提到他對利比亞革命特別關注。他是在世界聯合學院（United World College）就讀高中時，從利比亞室友那邊聽來相關資訊，這所學校是位於波士尼亞與赫塞哥維納的寄宿學校。之後，他就到法國就讀巴黎政治學院。

這兩名年輕人之間有很自然的默契。他們打開溝通管道、保持密切接觸，也開始腦力激盪要如何共同為北韓而努力。

二〇一二與二〇一三年，主導國家的北韓領袖與最高權力層級依然把焦點放在肅清國內，對於像金正男這樣流浪在外的人則沒那麼關注。

金正恩的地位正逐漸穩固，一步步登上職位巔峰，雖然他也和祖父一個樣，有壯碩的身軀與寸頭，成為國際媒體的社論漫畫家愛用的現成材料。

在幕後，北韓的強硬派尤其顧忌一個人；而世界強權都希望金正恩能聽令於他——金正恩的姑丈張成澤。張成澤與金日成唯一的女兒結婚，形成很重要的結盟關係。他是國防委員會副委員長，在二〇〇〇年代多被視為金正日的第二把交椅。有人甚至認為，他可能是接班的競爭人選。與金氏家族數十年的婚姻，讓他前景看好。

金正日中風之後幾年，體力大幅衰退，外國情報機構認為，張成澤在決策上影響力日益增加，可以對抗強硬派，進而採取稍微溫和的作風。金正日去世時，張成澤在葬禮上穿著四星上將的制服，而他也在領導者轉換期間，擔任金正恩的得力助手。

多年來，張成澤經常造訪中國，認為北韓需要漸漸開放經濟，才能在下一個世紀生存。中國就是在二十世紀下半葉成功做到這一點，同時持續控制人民。為什麼北韓不能效法？

在二〇〇四年的某個時間點，張成澤與金正日的關係似乎複雜了起來。張成澤顯然喪失龐大權力，遭到軟禁，直到隔年金正日讓他重返崗位為止。張成澤看似重新受到重用，給了許多美國、歐洲與中國的北韓觀察者盼頭：也許能說服這個國家放下發展核武的野心，以換取進入全球市場的權利，並讓更富有的國家前來投資。

但是他的中國訪問之行很快變成問題所在。在二〇一二年一趟旅程中，他獨自前往中國，獲得國家元首級的接待——這危險的畫面之後就在平壤的金正恩人馬面前播放。

不久之後，他就受到「晉升」之苦，成為新成立的國家體育指導委員會（State Physical Culture and Sports Guidance Commission）會長。對北韓觀察者來說，這清楚揭示了張成澤被趕出政府核心圈。二〇一三年，雖然有些跡象顯示張成澤重返崗位，但金正恩派出軍事領導者出訪中國，而不是由張成澤出馬——這又是另一個跡象，表示他已犯下太搶鋒頭的大錯，於是被要求回到自己的位置待著。

之後，北韓局勢突然出現變化。他有兩個最重要的助手在二〇一三年十一月遭到處決。

後來，在二〇一三年十二月八日，北韓國家電視台播放現場畫面：張成澤坐在北韓勞動黨的政治局會議席。著正式服裝的他就坐在最高軍官後面一排。金正恩穿著毛澤東樣式的衣服，戴著眼鏡觀察現場。

攝影機拍攝當下，突然間，三名軍官朝他走去，命令張成澤起身。他們抓住他手臂，幾乎是用拖的把他拖出會議室。

幾天後，電視播報員唸出控訴：張成澤是叛國者。「連狗也不如的人間渣滓張成澤，犯下了令人髮指的大逆行為。」

經過軍事法庭審判之後，據說他被機關槍處決。

張成澤公開垮台似乎把馬基維利式政治權謀訊息，清楚傳達給北韓人與全世界：金正恩已是大權牢牢在握。

九　藍圖

要解決最困難的任務，可以從最簡單的事著手。

——安昌浩（Dosan Ahn Chang Ho，韓國獨立運動政治家），
摘自朝鮮研究所二〇一五年三月二十八日的推特推文

紐約市
二〇一四年

二〇一四年秋天的某一天，金洙（Soo Kim）的收件匣出現一則訊息，是以前的同學艾德瑞安．洪寄來的。他在臉書傳訊，沒有一堆客套話，只簡單問道：「嗨，在嗎？」

金洙是在耶魯大學的社交場合上認識艾德瑞安，兩人交情不算深，但都關注韓國事務，也在耶魯大學韓裔美國學生會主辦的活動中見過彼此。當時，她沒對艾德瑞安的行動太有信心，認為他不過是擁有年輕人都具備的熱情與好奇心，並未多想那在日後會變成他的天職。

事實上，金洙和艾德瑞安差不多，是在耶魯大學就讀時，燃起對韓國事務的熱忱，日後也踏上這條志業之路。她在美國出生，父母是第一代移民，因此是透過家庭視角得知母國的事，只是能知道的並不多。在耶魯，她感覺到自己終於打開眼界，更完整了解南北韓分隔的意義，以及人們所付出的代價。許多韓裔美籍學生跟我說，他們上大學時會有這種經驗。這是他們第一次好好探究自家飲食、音樂與語言背後的歷史與遺產，同時遇見其他韓裔美國人也在關注類似的事。

金洙在約翰霍普金斯大學取得碩士學位後，帶著剛醞釀的熱情，進入政府任職。她加入中情局擔任分析師，利用韓語能力，幫助美國政府理解世上複雜度數一數二的安全挑戰。

金洙在離開耶魯一年並展開分析工作後，有天在華府的星巴克遇見艾德瑞安，然而兩人只是簡短打個招呼。她的新工作必須保持低調，只是艾德瑞安當時還不知道。不過，艾德瑞安引起她的注意。金洙開始重新思考艾德瑞安對韓國議題的投入。當年他在大學裡大聲疾呼的說辭，現在想來似乎更有意義，尤其是他在中國被逮捕之後——金洙是從同學那邊聽聞此事。以前讀耶魯的校友會帶著驕傲，與他人聊到艾德瑞安經歷艱辛的故事，一副他們當時和這個尚未成名的未來之星很熟的樣子。

幾年下來，金洙留意著艾德瑞安及其工作的消息。他似乎對自己的作為有強烈信念。他的奉獻所訴諸的主張，是她對平壤領導者的終極疑問：如果北韓不願遵守法規與國際規範，憑什麼要求和美國、南韓或其他開放國家一樣，得到平等的對待？

二○一四年秋天，一名朋友問金洙有沒有和艾德瑞安保持聯絡，因為他來信詢問該怎麼聯絡金洙。金洙很訝異，但還是克制自己，沒有寄送訊息。過沒多久，艾德瑞安就在臉書上跟她打招呼。

艾德瑞安不肯在Facebook Messenger多談，說起話來神祕兮兮，還問她最近是否打算到紐約。剛好金洙在幾個星期之後會去一趟紐約，於是兩人便相約喝咖啡。

在曼哈頓的咖啡館，金洙想不透到底當時是什麼情形。艾德瑞安提了些問題，卻沒解釋之所以這樣問的脈絡。「依妳看，誰是北韓有權有勢的人？」他問。金洙感覺他好像在拐彎抹角，想探究更深層的問題。

感覺上，他好像想弄清她是否願意做些什麼。

金洙在兩人見面時沒有給予任何承諾，也瞞著多數朋友或兩人共同朋友這件事。幾天後，她在臉書上送出訊息，說自己有興趣協助，只是需要更多資訊來了解他想試著做些什麼。

金洙並非唯一懷疑艾德瑞安暗藏玄機的人。在兩人見面前，艾德瑞安曾前往首爾與牧師彼得斯見面。二○○六年，艾德瑞安遭逮捕時，這位基督教傳教士被迫逃離中韓邊境。

彼得斯收到艾德瑞安的電郵時相當驚訝，這封電郵是用他飛馬策略顧問公司的帳號寄出。幾年前，艾德瑞安在中國遭逮捕，波及彼得斯的救援工作，這份怨念依然餘溫尚存。艾德瑞安告訴彼得斯他想談談；他要提出新辦法來處理北韓問題。

兩人在首爾市內的咖啡館見面時，艾德瑞安仍保持一貫的謹慎舉止——好像在提出一個誘人想法，卻又不說明細節。他暗示自己有正式的網絡能讓計畫成為可能；而彼得斯這樣詮釋：艾德瑞安在表示他有情報機構的支持。

「我們在計畫比以前格局大得多的事情。」彼得斯憶起艾德瑞安這樣告訴他。但是彼得斯詢問細節時，艾德瑞安則拒絕透露：「現在不能說。」

這樣含糊其辭的來回對話惹惱了彼得斯，他的回應是毫不客氣提醒艾德瑞安：二〇〇六年的聖誕假期間，他在中國的行動不僅讓北韓難民陷入險境，也把邊境的行動搞得危機重重。他警告艾德瑞安計畫在思慮不周的情況下會帶來什麼危險。如果思慮不周，就會衝擊甚至傷害到很多人。

後來，彼得斯寫訊息給艾德瑞安感謝他造訪還請他喝拿鐵。艾德瑞安回信時說，兩人的會面令他感到洩氣。

在整個二〇一四年到一五年，艾德瑞安與某些人喝咖啡見面，就像找上金洙和彼得斯那樣，想快速擴張千里馬民防的網絡。只有那些誓言會全心投入這個目標的人，才會得到較完整的說明。如果情況順利，就會有類似入會的儀式，成員要發誓保密，之後便開始與艾德瑞安暗中聯絡計畫的相關事宜。其中有些是現場的實地任務，也有更具企圖心、大小不等的規畫，期盼假以時日有所累積，終能推翻北韓政權。

艾德瑞安雖然重視祕密，但他也養成一種習慣，會把自己的思路線索放到網路上。在一年將近尾聲之際，從十二月開始，他的寫作與推文中透露出他在統合的世界觀。二〇一四年十二月，他在推文中寫道：「這世界在面對#北韓的巨大苦難時，集體表現得無動於衷、無所作為，那麼在不久的將來，世界必將為此負起責任。」

在這推文張貼一天之後，索尼影業（Sony）推出不怎麼受好評的喜劇電影《名嘴出任務》（*The Interview*），該片由詹姆斯・法蘭科（James Franco）與賽斯・羅根（Seth Rogen）主演；劇情大約是這兩個美國人碰巧有機會代替中情局去暗殺由喜劇男星朴藍道（Randall Park）飾演的金正恩。在上映前幾週，一群自稱「和平守護者」（Guardians of Peace）的駭客攻擊索尼影業的系統，洩漏高級主管不堪的資訊，同時還摧毀公司的部分資訊系統。爾後美國政府說這些駭客來自北韓。

艾德瑞安在《大西洋》（*The Atlantic*）這份刊物上寫了篇文章，痛批這部電影及其假設，根本就像《週六夜現場》（*Saturday Night Live*）及惡名昭彰的《美國賤隊：世界警察》（*Team America: World Police*）——利用刻板印象滑稽模仿北韓政權，而且是「低俗笑話，有時還有種族歧視的味道。」

「這部電影絕非勇敢之舉，」他寫道，「也並未挺身對抗極權、集中營、大規模饑荒或由國家支持的恐怖主義。」艾德瑞安指出，沒有一部片會用相同的概念、相同的調調來傳達「伊斯蘭國奴隸主」或「中非共和國種族滅絕」。「北韓並不好笑。」他如此結論。

有評論者想幫《名嘴出任務》說話，把這部片與查理．卓別林（Charlie Chaplin）一九四〇年那部諷刺阿道夫．希特勒（Adolf Hitler）的《大獨裁者》（*The Great Dictator*）相比。《大獨裁者》片尾是一場真摯動人的演說，痛斥法西斯主義造成的危害。艾德瑞安回應那些觀察時指出，卓別林在一九六四年的自傳中說，他後悔自己拍了這部片：「要是我知道德國集中營裡實際的恐怖情況，我就不會拍《大獨裁者》，我沒有辦法用納粹殺人的瘋狂舉動來取樂。」

一年將近尾聲之際，他繼續在推特上發布許多訊息，表達他的感受。他在十二月二十一日的推文寫道：

■北韓的問題，並非大家缺乏意識，不知道他們的情況有多糟——大家清楚得很。你不會看著自己小孩挨餓，或看見家人被送到集中營，卻還長久相信政府能幹善良。

■北韓的真正問題，是缺乏讓人民組織起來的喘息空間；國家利用沉重的監視之手，掐住社交網絡自有生命力的發展機會。

因此不同意見只能藏到人的靈魂深處，從來不會與潛在合作者分享，也無法從彼此的同情中獲得能量。

之後在跨年夜，他在這個帳號張貼倒數第二條推文，內容引用起小馬丁．路德．金恩的話：

在這個世代，我們該悔悟的，不光是壞人帶著恨意的言語和行動，而是好人駭人的沉默。

艾德瑞安想出的新行動計畫是多管齊下的。表面上，他在成立新智庫「朝鮮研究所」——這智庫會準備藍圖，因應在「〇年」之後國際強權可能需要處理的所有問題。所謂的「〇年」，就是金氏政權必將崩潰的那一刻。而私底下，他也悄悄尋找方法，要促使金氏政權瓦解。

這個概念的奇妙之處，在於艾德瑞安如何把分散各處的網絡往同個方向推進。或許更困難的任務是，如何在他的網絡中，讓保密程度能清楚分明。上大學以後，他就集結了一群年輕追隨者，那些人希望自己能有所作為，創造不同局面。他們聽過艾德瑞安演講，也看過影片。要冒的風險顯而易見，但他們能做些什麼？對那些願意冒險的人來說，可以加入他剛成立的千里馬民防。

但對於想當較傳統的「志工」的人來說，朝鮮研究所就是答案。在紐約韓國城一間昏暗的辦公室，艾德瑞安把眼前的挑戰一一列出。整個房間都是大學剛畢業的人，那些人是他在為北韓奔走時結識的。許多是韓裔美國人，但也有一小部分的行動人士與志工並非亞裔族群。

北韓人經過這麼多年的洗腦，這時該如何改革教育？如果政府垮台，團隊要如何接掌輸電網？如何奪取行動通訊網路，將其轉變為讓外面的世界流入的管道？這個團體會探討這些看似簡單，實則學問很大的問題。

「朝鮮研究所相信，朝鮮半島即將發生劇烈變化，因此過去幾年已進行研究，做好準備。」後來有一則徵人廣告上這樣寫著，簡要描述這個團體的任務。

海軍陸戰隊退役的克里斯多夫從洛杉磯飛來參加過幾回會議，訝異地發現志工知道自己能以具體作為處理像北韓這麼棘手的問題時，竟然展現出這麼高的熱忱。

艾德瑞安也找上過去幾年努力建立關係的高層人士，例如金韓松。金韓松泰半時間住在澳門，他同意當朝鮮研究所的祕密成員。他想專注於幫北韓從零開始，建立起有企業家精神的文化；他還領導此研究所的新創委員會（Start-Up Committee）。

朝鮮研究所整合出百日穩定計畫，內容共有數百頁，每個主題都有規畫委員會或任務小組，分別由此研究所的成員執掌。這些委員會將糧食安全、公衛、國家遺產與能源規畫都包括在內，還有任務小組負責行動銀行與微型金融、人口統計與數位地圖測繪。

在艾德瑞安為朝鮮研究所安排的架構下，平凡的小學老師也能把現實世界的經驗與針對極權國家的研究相互結合，這樣就能展開教學計畫，規畫出金氏政權崩潰之後要給北韓年輕人怎樣的教育。

「大家很興奮，」克里斯多夫說，「有些人厭倦老是以主題標籤在網路上倡議。他們樂見平凡人也能付出小小的力量，最後匯集起來創造出動能。」

艾德瑞安問克里斯多夫是否有意參與以下計畫：思索在政權交替時，如何處理北韓軍隊。不過，這位退役軍人拒絕了。「我不是策略思想家，」他告訴艾德瑞安，「我在海軍陸戰隊的工作只負責確定弟兄早上有刮鬍子並且安全無虞。」

艾德瑞安會提到北韓軍隊這一層面，就暗示著背後對更大膽行動的渴望，而那是多數智庫想都不敢想的。也的確，有些專注北韓問題的機構，會設法與艾德瑞安的定位保持距離。

艾德瑞安以前的導師具宰會建議他，和珍妮．陶恩（Jenny Town）討論可能的合作方式。陶恩是「北緯三十八度」（38 North）網站共同創辦者與負責人，這網站以北韓事務為焦點。只是，陶恩在幾年前就見過艾德瑞安，察覺到他對北韓的立場激進，不覺得有合作的可能。理論上，他們似乎註定要一起工作。陶恩從哥倫比亞大學取得碩士學位之後，先在廣告業打滾幾年，也短暫待過華府的美國大學理事會（College Board），而後北韓議題的吸引力促成她加入自由之家（Freedom House）並著手北韓人權計畫。

但是幾年來，陶恩對北韓逐漸發展出截然不同的觀點。就和艾德瑞安一樣，北韓的人權狀態令她大感震驚，因此她認為該奉獻自己的人生為北韓百姓創造不同局面。她也和艾德瑞安一樣，認為科技可能帶來助益。但相較於艾德瑞安與日俱增的野心，陶恩關注的焦點在於腳踏實地的諸多微小變化，尤其是社會經濟層面；她相信這些變化集結起來可撼動北韓，促使北韓往改革的方向前進。

她在乎的是諸如行動電話爆炸性的普及率，以及更多貿易與市場活動；另外諸如政府允許人民在政府的工作之外賺點錢——這類小小的變化，可能帶來長期的漣漪效應。「這全是社會結構與社會契約在改變的跡象。」她說。

許多北韓分析者共同的希望：這國家會依循中國的腳步，透過對全球經濟活動的參與度提高，大幅改善人民生活，同時保有國家認為在控管人民生活時，至關緊要的政治與社會控制力。這種思路大約是：只要能吸引北韓和世界進行貿易，那就更容易對北韓產生影響，而北韓也較不會莽撞行事。北韓會得到資源，對人民更好。

然而，艾德瑞安認為這是一廂情願。他對北韓抱著黑白分明的看法，並非出於天真或傳教士熱忱，而是多年來與叛逃者及脫北者相處的經驗使然。對他來說，事情很簡單：平壤領導階級奴役著數以百萬計的北韓人，以確保自身權力。

他也願意傳播眾所接受的智慧，例如南北韓應該統一——在當時，美國的韓國觀察社群廣泛秉持這種觀點；其中的概念為：韓國人是屬於相同民族，只是因為歷史變動而分裂。

艾德瑞安認為，唯一重要的事情是擺脫金正恩監管下的那個流氓國家，協助北韓人民掙脫枷鎖。

「注重北韓人權、終結數十年來絕大部分人口長年挨餓、消滅平壤恐怖主義的擴散與輸出、關閉北韓集中營——這些都是道德責任。」他在二〇一六年《聖地牙哥聯合論壇報》（*The San Diego Union-Tribune*）的讀者投書中評論道。

在這篇文章中，他詳細描述朝鮮研究所的部分計畫，寫下金氏政權崩潰後的幾天與幾個月該做些什麼。南韓可派出教師、工程師、救援者與醫療人員，以及警方、救火隊、邊境安全人員與海岸巡邏的訓練人員。

朝鮮人民軍應重新分派到基礎建設、警政與國家計畫單位中，而計畫經濟的機構還是會繼續分配食物，直到市場經濟建立起來為止。

這是艾德瑞安第一次公開清楚說明，他如何從以倡議為主的非政府組織創辦者，變成相信金氏政權即將崩潰的人。他沒說的是，若能得到協助，政權的崩潰可能會發生得比大家想的更快。

艾德瑞安在曼哈頓韓國城的辦公室，心情頗為低落，因為他創立的團體在北韓觀察者的社群之間，受接納的程度並不高。社群成員形形色色：有自由派的行動分子，也有保守智庫，還有許多人熱衷於這個議題，但認為漸進式手段才是正途。

更糟的是，這種不自在的氛圍衝擊著他的募款計畫。雖然他想幫朝鮮研究所招聘二十個全職人員，但這個機構在韓國城的辦公空間卻日益凋零，只有為數不多的全職員工，運作幾乎完全得仰賴志工。他從研究所獲得一些收入，但還是得靠私人企業的顧問工作來貼補。

在與他最親近的朋友眼中，如何取得經費向來是艾德瑞安最頭大的問題。他有大大小小的行動藍圖，可能對北韓政權使出一擊，但沒有多少人願意付錢給可能惹麻煩上身、或惹毛美國當局的事務。

絕望之下，艾德瑞安開始以有爭議性的方法來募資。他和中國、日本與泰國等亞洲部分地區的企業主對話，他說北韓過渡政府可提供合約給協助北韓人民脫離金氏政權的人。有人表示興趣，但沒有付諸實行。

到現在，艾德瑞安已改弦易撤，不像過去會和可能贊同他的朋友（例如金洙與彼得斯）面對面建立人脈網。他現在在國外的行程，多半是想促成與跨國商人、私營維安單位和情報人員會面——這些人或許會對「該如何改變北韓」的複雜問題提出一些激進的想法。

有些朝鮮研究所的成員也益發感到挫折，他們很興奮能提供協助，也很樂於寫下白皮書，但接下來呢？他們心癢難耐，想要採取進一步行動。

二〇一六年三月二十三日，艾德瑞安來到加拿大渥太華的國會山莊，在參議院人權常設委員會（Standing Senate Committee on Human Rights）前談論北韓。他穿黑西裝、戴眼鏡，唇上與下巴還有新長出來的鬍子，讓他看起來比實際年齡年長得多——比當年在一個個校園疲於奔命，為自由北韓分會演講的那個他還成熟。他比以往還要努力推動自己的信念，心中認定投入漸進式改變在北韓沒有意義。「北韓並不是正常的國家，政府不會設法服務、保護人民，」他告訴大家，「這是殘暴的極權政權，由皇室與附庸階級統治，彼此勉強微弱地唱和著。」

那個政權的殘暴很快就要以駭人的形式，在世界舞台上更加讓人印象深刻。

十 修剪家族樹

所有問題都能靠死亡擺平。人沒了，問題就沒了。

——史達林

馬來西亞，蘭卡威
二〇一七年二月

二月初，金正男收拾好行囊，在澳門搭上飛機。經過近四小時的航程，越過南中國海，他來到吉隆坡。

金正男被逐出北韓之後就一直住在澳門。這裡可說是中國的拉斯維加斯，甚至有過之而無不及。他原本是父親金正日的接班第一人選，可望擔任北韓領袖。他在澳門的生活型態恰與周遭放蕩不羈的環境合拍。要維持他和家人逐漸習慣成自然的生活方式，可得坐擁金山銀山，才能應付一年用度。金正男會安排奢華的旅遊，前往日內瓦這種地方購買昂貴名表，而他也流連高檔酒吧，還公開承認自己是賭徒。

由於在北韓失寵，沒累積多少財富，因此他總是需要現金。記者沃倫・史卓貝（Warren Strobel）在《華爾街日報》的報導中曾寫道，對金正男來說，外國情報機構是重要的現金來源。他對北韓沒什麼野心，但是他會在中立領土（例如馬來西亞）與金主見面，並在他們面前假裝很有熱忱。

對美國中情局來說，能讓金正日後裔在北韓以外的地方生活，並拿美國政府的錢交換一些好處，這點開銷根本不算什麼。如果北韓人相信金氏王朝的偉大，那麼這一位就是關鍵的家族成員，隨時可吐出些話來威脅弟弟金正恩的權威——金正恩和平壤後台的權力掮客正一同延續著隱士王國的殘暴政策。

近來，金正男似乎比平常更有妄想傾向。他在旅行時會覺得心裡發毛，好像被人監視。他也從自己的網絡收到警告，說他同父異母弟弟及其底下的北韓主要間諜機構偵察總局（Reconnaissance General Bureau）並不打算放過他。但他決定不理睬這些疑慮，還是要去馬來西亞領他定期該領的現金；畢竟這些年來，他在亞洲與歐洲的城市已這樣做了幾十次。

從澳門飛抵吉隆坡之後，金正男在首都休息兩天，和他信賴的司機速速在城市中逛了逛，之後再搭機飛往蘭卡威群島，去和韓裔美籍的中情局探員在一間飯店短暫會面。根據《華爾街日報》等媒體日後的報導，他把幾個月來蒐集的檔案傳到隨身碟，並交給這名探員，拿到錢之後又返回吉隆坡，好好放鬆休息個幾天。

等到他在二月十三日來到機場，準備搭機返回澳門的家時，他會很快明白：自己覺得受人監視的第六感完全正確。

北韓偵察總局幾年來都在追蹤金正男的行動，他們小心翼翼擬定計畫，想要終結他的性命。對家鄉的金氏政權來說，金正男是必須消滅的禍根。其實在過去，金正男也曾驚險逃過暗殺。二〇一二年，他在北京遭到一名男子攻擊，那人顯然是北韓特務。在中國警察的挽救之下，金正男逃過一劫。中國警方還逮捕另一票暗殺小組，並把那些人送回北韓。南韓的《世界日報》曾引用情報員的說法，南韓國家情報院（National Intelligence Service）後來透露，金正男甚至寫信懇求金氏政權，拜託同父異母的弟弟饒過他與家人。

不過，馬來西亞是追殺他的好地方。東南亞國家缺乏極端的監視文化與政治敏感度，不會像中國那樣妨礙他們的企圖，且馬來西亞有免簽證政策，可自由往返北韓，相當方便。

雖然一般人往往認為北韓資源有限、科技落伍，但多年來，北韓的間諜突擊行動層出不窮。暗殺、國際犯罪與竊盜行徑屢屢得逞，讓偶然間觀察北韓的人與超級強權都驚訝不已。為賺取外國貨幣，北韓經常已躋身手法最成熟的美鈔偽造者之列。這個國家不能連上網際網路，但其電腦駭客曾經成功破壞索尼等大型企業，也從銀行與其他機構盜取過數億美元。

不過，這一回的策略不必動用太多科技。北韓特工對兩位年輕女子洗腦，讓她們以為自己參與的是低預算的電視整人節目，要在公開場合以面霜塗抹看起來毫不知情的受害者臉頰，而過程會以隱藏攝影機拍攝下來。這兩位女子彼此互不認識。

西蒂・艾沙（Siti Aisyah）是住在吉隆坡的印尼人，她給馬來西亞當局的證詞是說，起初，她在街上遇見一位自稱為「詹姆士」的年輕帥哥。詹姆士問她有沒有興趣參與一部影片的演出。西蒂開心極了，也心想：「何樂而不為？」

他們在城市中許多不同地點練習這花招，把面霜往不知情的受害者臉上抹。詹姆士還稱讚她技術高明。在兩人認識幾個星期之後，詹姆士說二月要請她到機場見面，屆時要她玩這個把戲。詹姆士說，如果這一次做得好，會有額外獎勵。

金正男要搭機的那天，西蒂來到充滿現代感的吉隆坡國際機場，到裡頭的咖啡館與詹姆士見面。詹姆士掃視了四周空間尋找目標，而她則坐在咖啡館，裹著披巾，墨鏡推到頭上。

金正男抵達機場時穿著淺灰色夾克、牛仔褲與紫色上衣，身上背著黑色背包。他到亞洲航空的自助報到機領取登機證。

「就那邊那個人，」詹姆士瞥見金正男正在看出發時刻看板，於是告訴西蒂，「那個穿灰色夾克的男子。」

突然間，他小心把某種油塗到她手上——不是之前在吉隆坡試著惡作劇時常用的面霜。

他想盡辦法，小心不沾到自己的手。西蒂渾然不知這是某種化學混合物的其中一半，如果與另一半藥劑混合，就會成為致命的VX神經毒劑。

VX的意思是「毒劑X」（venomous agent X），是一九五〇年代，某英國公司的科學家在研製殺蟲劑時研發出來的。科學家後來發現，這種奇特的化學物質拿來殺人特別有用，因此就不再應用到農業上。英美與俄羅斯日後都以這種化學物質開發化學武器。在安哥拉內戰期間，曾派遣軍隊到安哥拉的古巴，就用過這種毒劑來對抗暴動者。薩達姆・海珊也在惡名昭彰的哈拉布加化武襲擊（Halabja chemical attack）使用過，這場化武攻擊發生地點在伊拉克庫德斯坦（Iraqi Kurdistan），造成了數千人死亡，成千上萬人受傷。

西蒂從一根柱子後面跑出來接近金正男，往他前面一跳，把東西抹到他臉上，之後邊跑邊喊：「對不起！對不起！」

幾秒鐘後，一個毛衣上有「LOL」圖案的越南女子段氏香（Đoàn Thị Hương）也用手抹他的臉，旋即跑掉。她也以為自己在參加整人節目。

從閉路電視的畫面來看，金正男對方才發生的事一頭霧水。

他開始朝廁所前進，但之後改變方向，走向機場員工，行為舉止似乎都變了。他比手畫腳，激動說起方才發生的事情。「好痛、好痛、我被噴灑液體。」他告訴機場人員。一名警察帶他到機場醫務室。

這兩種液體混合後不久，神經毒劑就會擴散到全身，導致他肌肉痙攣，疼痛不堪。在前往醫務室的途中，他膝蓋變得僵硬，難以行走。

他抵達醫務室，極度痛苦地癱在椅子上。他四肢攤開，露出一部分肚子，開始喘氣。雖然機場人員叫了救護車，但太遲了。毒性已經發作，肺部劇烈收縮，讓他無法呼吸。醫療人員趕緊供氧並把他送到醫院。但在攻擊發生後十五分鐘的送醫途中，金正男就死亡了。

馬來西亞的調查人員後來檢視閉路電視畫面，發現機場有一整組的北韓人馬。他們看起來只是提著手提箱的旅客，其中包括一名化學家、把風者，還有一人顯然是這群人的頭頭──他的暱稱是「阿公」，他人就在後方抽著煙。

這位化學家後來被捕，攝影機拍到他和北韓官員交談，似乎證實了這是由國家支持的暗殺行動。由於缺乏足夠證據，因此馬來西亞官方後來釋放了他。馬來西亞法庭對西蒂撤銷控訴，讓她返回印尼。馬國對段氏香判了較輕的罪，後來她也出獄了。

二月十四日情人節，大約晚上九點，克里斯多夫．安在Z旅社（Z Hostel）的屋頂酒吧斜倚著身體，眺望馬尼拉天際線。他在抽香菸、喝啤酒。這時，艾德瑞安打電話來。

克里斯多夫原本不會獨自前來馬尼拉。有個菲律賓裔美籍友人說服他一起從洛杉磯的家鄉出發，去菲律賓旅遊、度個旅費低廉的短假。但朋友因為工作的關係臨時取消假期，克里斯多夫就決定自己去。

克里斯多夫發現這座城市是很完美的綜合體，雖然有陌生感，但是對一個韓裔美國人來說又莫名親切。由於第二次世界大戰之後的意外後果，菲律賓人對美國文化深感熟悉。過去幾天他過得挺愉快，會在飯店泳池消磨時間、在市區走走，也會和當地人聊天。

那個當下，手機的加密通訊應用程式Signal上有個名字閃過，克里斯多夫看了就眉頭一皺。他知道這次登入絕非閒來無事打招呼而已。艾德瑞安和克里斯多夫在七年前相識，一起吃過墨西哥捲，之後兩人互動時間有比較多，但還稱不上是密友。

克里斯多夫會在活動上遇見艾德瑞安，兩人偶爾也會喝咖啡見個面。他認為艾德瑞安肩上扛的擔子愈來愈重。由於經費短缺，加上艾德瑞安認為就算自己放棄，也無法仰賴他人接手，結果這些事實在嚴重超出他能負荷的程度。

克里斯多夫總算接起電話。「你在哪？」艾德瑞安上氣不接下氣問道。一聽到他在菲律賓，艾德瑞安聽起來鬆了口氣。「太完美了。」

艾德瑞安沒閒聊，直接切入正題：克里斯多夫知不知道前一天，也就是二月十三日，北韓領袖金正恩同父異母的哥哥金正男在馬來西亞遭到暗殺？

「金韓松嚇壞了，」艾德瑞安告訴克里斯多夫，他提起了金正男的兒子；而他目前也從很外圍參與著朝鮮研究所的運作。「你能幫助他嗎？」

對艾德瑞安來說，這是人道救援任務，但也有戰略意義。在父親死後，金韓松是最後一個可合法主張繼承金日成與金正日血脈的男性後裔。就和父親的情況類似，如果北韓政權開始動搖，金韓松或許能扮演某種角色。

金正男遭到謀殺的消息傳出之後，艾德瑞安打電話給金韓松，催他離開澳門，以策安全。金韓松猶豫了，還說他認為家裡很安全。但才過六個小時，金韓松又打電話來——他改變想法了：「幫我們逃走。」金韓松解釋，平常派駐他家的保鑣都不見了。他擔心如果繼續留在澳門，恐怕遭到滅門。

艾德瑞安在歐洲已安排一組團隊，要幫這家人在英國或荷蘭尋求庇護——之前在自由北韓時期，他們就已和這些國家合作，而千里馬民防與之合作的頻率又更高。不過，這家人需要協助，惟艾德瑞安沒有半個聯絡人能幫他們在前往阿姆斯特丹的路上確保安全無虞。「你能和他們見面嗎？」他問克里斯多夫。

雖然艾德瑞安有雄心壯志又大膽，但他的地下組織充其量也只是靠一群聯絡人以加密的即時通訊軟體來合作。他們沒有什麼資源可仰賴，只有成員微薄的儲蓄。艾德瑞安沒有確切計畫，但克里斯多夫還是同意出手相助。

克里斯多夫聯絡上金韓松之後，就上網買了三張機票給金韓松、他的母親與妹妹，讓他們隔天早上從澳門飛往台北。克里斯多夫不浪費一丁點時間，也幫自己買了張機票，當晚就飛往台北機場。他在二月十五日凌晨抵達，並在入境大廳的麵攤占了個觀察崗位。

「大家都說我們是地下鐵路，但我真的只是刷信用卡，在智遊網（Expedia）買機票而已。」克里斯多夫說。

一家三口在幾個小時後抵達，他們都戴著口罩，遮起臉龐。口罩不會啟人疑竇，因為亞洲人在通勤時經常戴口罩，早在COVID-19、世界各地的人掀起口罩風潮之前便已如此。

金韓松看見一位像美國人的韓國人站在入口，就走上前，以事先講好的代號名稱打招呼：「史蒂夫。」克里斯多夫默默帶他們到貴賓室，低調行事，等艾德瑞安發出下一步新指令。克里斯多夫認為自己的工作是讓每個人保持鎮定放鬆。等到他們彼此有些認識了，克里斯多夫這個土生土長的美國人便語帶輕鬆，以柔和的韓語向金韓松母親說話，還把自己的iPad交給金韓松那個正值青少女年紀的妹妹，讓她看網飛（Netflix）。金韓松受到驚嚇，幸而還能穩住情緒；至於母親和妹妹顯然相當焦慮，想找個安全之處。

機場人來人往，但是其他旅客似乎不太注意這群在貴賓室借宿的人。最後，艾德瑞安打電話通知：荷蘭會給予他們庇護。

克里斯多夫又拿信用卡再買一輪機票，和這家人繼續等著，並選在最後一刻，才讓他們搭上飛往阿姆斯特丹的班機。他護送他們到登機門，航班人員看到這家人的北韓護照時還瞪大了眼。克里斯多夫打電話給艾德瑞安，打開擴音器，讓他說服航班人員讓這家人上機，但沒有用。

克里斯多夫不知如何是好，只得把他們帶回貴賓室。在他們等待時，有兩人出現在貴賓室，說要和克里斯多夫說話。他們自稱是中情局的人，較年輕的那一位自我介紹，說他名叫魏斯（Wes），顯然是名韓裔美國人。

「你們知道自己在幹什麼嗎？」年紀較大的人不敢置信地問。克里斯多夫要這人「和艾德瑞安談談」。

「我只是在幫助這家人，」克里斯多夫向探員解釋，並拒絕透露任何細節，「我是以自己身分為傲的美國人，並沒有做錯任何事。」

中情局探員說，他們會處理這趟行程的相關問題。不多久，一名機場人員就過來通知金韓松與他的家人，他們可以繼續飛往荷蘭。克里斯多夫又上智遊網再買一次機票。

他們在貴賓室過夜等待時，克里斯多夫為求保險，用手機拍了一支短片，以保護自己和這群人。如果之後有人質疑究竟發生什麼事，影片可以當作人還活著的證明。

隔天早上，那位名叫魏斯的中情局探員出現了，還一起上飛機。克里斯多夫給了金韓松大大的擁抱，祝福他們旅途平安順利。之後，他準備回馬尼拉；過去二十四小時發生的事已讓他頭暈目眩。這是千里馬第一次有「體感動力」的行動，也是目前最大、最重要的一次行動，既可怕又刺激。克里斯多夫覺得很不錯。

艾德瑞安擺平了細節的問題。等到這群人從台北起飛，經過漫長的十四小時飛行後，他們抵達了阿姆斯特丹。一支千里馬的團隊（包括一名專精於政治庇護的律師）已在阿姆斯特丹史基浦機場的入境區就定位，等著金韓松、母親與妹妹抵達。

到了指定時間，千里馬團隊就定位時，卻不見金正男家人蹤影。他們從沒走出海關。後來，艾德瑞安與千里馬團隊得知，這家人已抵達阿姆斯特丹，但是和「魏斯」他們從另一個出口離開，很快搭上另一班飛機離開荷蘭——可能是去了美國。

金正男是在收了中情局探員的錢之後，沒幾天就遭殺害。現在，中情局似乎對這家人採取了保護性監管的措施。

艾德瑞安大受挫折。他後來說，沒能把握住這家人是他多年來地下活動最大的失誤。金韓松原本可能在千里馬採取更決定性的行動時，成為無比珍貴的資產。若說艾德瑞安是反抗運動的籌謀者，那金韓松就是非比尋常的王子，原先可能有助於建立反對政府，靜待某天開啟北韓的新時代。

在最後一刻，雖然金韓松和家人從艾德瑞安的指間溜走，但艾德瑞安仍認為千里馬民防完成關鍵的里程碑。這次行動會讓他們名氣蒸蒸日上，因此更顯重要，畢竟他們的期望不僅是經營讓人逃離嚴酷金氏政權的地下網絡。他們希望能在自己選擇的地點與時間，去和這個政權一較高下。

回到紐約之後，艾德瑞安在韓國城的朝鮮研究所總部召開會議。在此之前，朝鮮研究所主要會由志工製作思想先進的白皮書，這些屬於艾德瑞安的地上活動。千里馬這個名稱，則是艾德瑞安為他鬆散的行動人士聯盟所取的名字，這裡的成員會積極推動走在更前緣的工作——在邊境進行宣傳、向叛逃者蒐集情報，並開發和北韓有關的情報來源。

在這個房間裡，他站在四十多名志工面前——包括教師、商人及創意人士——解釋，該是讓朝鮮研究所畫下句點，千里馬民防崛起就位的時候了。多年來，艾德瑞安一直說服這些志工，哪怕幾乎沒有經過任何專業訓練，他們依然能為世界帶來實際的影響，只要對目標有熱情，而這份熱情又能直接與介入手段相互搭配。

艾德瑞安讚許克里斯多夫的行動；他從洛杉磯搭機前來參與了這次會議。如果少了克里斯多夫的敏捷行動，金韓松、他母親與妹妹可能早在澳門就被北韓特工逮到。他告訴大家，這就是千里馬民防未來可從事的行動類型。就算什麼都沒有，只有信用卡與願意協助的心，他們還是挽救了金正恩鎖定的高調惹眼的目標。那麼若是有其他資源的話，他們又會達到何種成就？

艾德瑞安如魚得水，既抱有理想，懂得激勵人心，還能為理想展現具體作為。他把他們的團體架構為韓國人長久以來抵抗壓迫者歷史的一部分，也包括在二十世紀對抗占領朝鮮半島的日本殖民者這段歷史。這麼登高一呼，結合了背水一戰與人權宣揚兩種元素。有時候，他會讓聽眾聯想到律師為客戶行為提出很好的道德理由；只不過，客戶其實還沒有投入這行動。

在實際層面上，艾德瑞安也列出團體的核心信條，包括祕密與區隔化。在這次會議之後，組織會把成員區分成不同組，只有「必須知道」的人會得知所有細節。不同組別會處理不同的問題，例如怎麼設立比特幣錢包，讓人捐錢給這個團體，還有反政權宣導，以及團體的保密協議。大家都用訊息會消失的應用程式來聯絡，例如Signal。他們會以Silent Circle這個軟體來進行電話會議。

之後，艾德瑞安帶整個組織到達拉斯燒烤店（Dallas BBQ），這是平價烤肉餐廳，在曼哈頓很受手頭不寬裕的二十歲世代歡迎。他們想要隨心所欲，吃吃喝喝。明知道這裡的食物不怎麼樣，但他對這種地方抱有奇特的情感。這群人絕大多數是韓裔美國人，他們幾乎包下了餐廳樓上的整層空間。

「我想不起來除了在教會，還曾經在哪個公開場合和這麼多韓裔美國人在一起。」克里斯多夫憶道。

在這家烤肉餐廳分店裡，有商人、學術人員與行動人士——這些人在高中時很用功，上很好的大學，畢業後也找到很好的工作。這類人在過去或許會被稱為雅痞。

然而，這群組織零散、缺乏經費卻有高昂企圖心的團體，比一般人更熱情，且深受艾德瑞安啟發。他向大家保證，他們可創造不同局面；之後，他靠著金韓松行動來證明自己是對的。他們在成長過程中，就是在努力追求穩定薪水，為了房貸與新組成的家庭而奮鬥，但千里馬民防的呼喚卻回應著更深刻的情感，為他們帶來意義感。

就連「千里馬」這個名字也相當脫俗。幾個世紀以來，韓國人都聽過這神祕馬匹一天能跑千里的故事。北韓會把千里馬的傳說應用在共產議題、印在宣傳海報上，鼓勵工人達到高生產目標。而在艾德瑞安的管理下，千里馬重新被打造為來無影去無蹤的救世主，能快速行動，挽救北韓人。

在慶功宴結束之後，這群人快速行動，要提高公共知名度。

二〇一七年三月八日，千里馬網站（cheollimacivildefense.org）誕生，以英語和韓語發表聲明，談論金韓松行動。在頁面上方有個神祕標誌，很像軍隊裡的任務徽章。在第一篇貼文的中央，就是戲劇性的金韓松影片，那是克里斯多夫在台北機場拍攝的。

金韓松以柔和的語氣，用港式英文腔說話，背景是白色的，而他身著暗黑色的有拉鍊上衣。金韓松開口，並秀出護照，上頭的個人資訊細節已經用黑色遮住：「我父親幾天前遭到殺害。我目前與母親和妹妹在一起，我們很感謝……」

他唸出要感謝的人名時，被短暫消音。而他說到最後一句話時，聲音又回來了：「但願不久之後能雨過天青。」

過了兩年，完整的音訊才釋出。在這部影片的初始版本中，被消音的部分是金韓松感謝「艾德瑞安和他的團隊」。

千里馬民防在新網站貼文時，創辦聲明模糊又不切實際。裡頭提到，這團體有廣大的行動範圍與人脈。這團體感謝荷蘭王國、中華人民共和國、美國，以及「不願具名的第四個政府。」

「我們也肯定留在北韓或其體系中的同事，提供關鍵援助，以找出這些個別人士。」創辦詞寫道。

那些在北韓的「同事」究竟是誰，在接下來幾年將昭然若揭。

十一　面對面

情況還在掌控範圍時，往往會受到忽略。等到情況完全失控，才搬出原本有效的療法，則已經太遲。

——溫斯頓·邱吉爾（Winston Churchill）

華府
二〇一六年十一月

唐納·川普（Donald Trump）從紐約地產大亨變身為美國總統，一展開任期，就以交易的眼光來看待地緣政治。有些交易還不錯，有些則很糟。

川普的商業生涯充滿波折。他曾經暴富，但破產不只一次，過程中不得不把部分最受重視的財產出售。他的外交政策就和做生意一樣，議題缺乏焦點，像小彈珠似地，在機會與失敗之間來回彈跳。白宮平時得花許多力氣專門處理日常危機，有時這些危機就是川普與他的顧問圈所造成的，因為他們堅持推翻過去的做法。

不過，最令美國國家安全會議與外交政策體制頭痛的，是川普對北韓的態度忽冷忽熱。對於多數資深外交政策人員來說，川普認為他可以為這長久以來難以捉摸的敏感議題帶來轉變。這種想法實在宛如夢魘——讓人想起史丹利・庫柏力克（Stanley Kubrick）[1]的電影《奇愛博士》（*Dr. Strangelove*）[2]。

在歐巴馬政府與繼任的川普團隊最後幾次交接會議中，有一次是專門用來說明北韓問題變得有多危險。即將卸任的歐巴馬總統在二〇一六年十一月，於白宮一對一的會面中坦白告知川普：在他眼中，北韓是美國面臨的最大危機。

在美國外交政策菁英的眼中，北韓就是個幾乎無解的難題；這是幾十年來的既定觀點。北韓太危險，不容忽視，卻又太小，通常也太安靜，無法成為眾人矚目的焦點。記者提出「戰略耐心」（strategic patience）一詞，描述歐巴馬政府的策略，指的是以制裁來對這個國家施壓，但也對最低程度的討論保持「開放」，日後再慢慢把層級拉高，最後變成國家元首之間的對談。此處的訊息很清楚：我們在外交上不能碰運氣，而軍事相關的選擇風險又非常極端——所以，就坐等北韓瓦解吧。但北韓沒有瓦解。

多年來，金氏政權顯然對北韓的各種問題都能彈性應對，不僅如此，還懂得以取巧手段來面對超級強權，在全球局勢上讓強權感到如芒刺在背。北韓無所不為、沒有極限，他們透過不法犯罪手段來資助政府運作，例如偽造百元美鈔、發動駭客攻擊、在歐亞黑市販賣香菸。別的小國可能會怕惹毛如巨獸般的美國，導致飛彈如雨落下，把國家打回石器時代；但北韓體認到，美國領導者除了全面開戰之外，沒有多少選擇。諸如美國等外國強權對北韓的情況沒有多少完整的理解，無法保證會不會有核彈從北韓的窮鄉僻壤發射，命中人口近千萬的首爾。

南韓也不會對北韓構成近期或迫切的威脅。南韓的國安體制一天二十四小時都在擔心北韓，但老百姓卻不太去思考這件事，縱使大量稅金都用來支援叛逃的脫北者也一樣。這國家的自由派政治人物似乎最傾向推動人權，但卻對北韓的態度最不強硬。

北韓在世界上的好戰名聲其實醞釀了幾十年。這些年來，北韓幹了這麼多離譜行為，卻尚未爆發全面衝突，有時也挺讓人意外。較鷹派的北韓觀察家會懷念起過往的「機會」——想當年若與北韓起衝突，要付出的代價會小得多；那時北韓的核武能力頂多剛起步而已。

一九六八年一月，北韓從新成立的一二四單元（Unit 124）派出特種部隊軍去暗殺南韓強人總統朴正熙。這些身著南韓制服的人越過防守嚴密的邊界，還一路遊說，來到青瓦台，

1 註：一九二八～一九九九年；二十世紀影響最深遠的美國電影導演之一。

2 註：這部黑色幽默電影堪稱庫柏力克最受歡迎的作品，諷刺六〇年代冷戰時期國際政局的荒謬，且充滿不安的氛圍。

亦即總統官邸與辦公室所在地。他們距離總統官邸僅僅一百公尺時，有個南韓軍官起了疑心。最後，這三十一位入侵者當中，二十九名被殺，一名被囚禁，剩下一名逃回北韓。而雙方互鬥造成二十六名南韓人死亡，另有四名美國人在設法阻止北韓人逃回邊界另一邊時也遇害了。

才過兩天，北韓又奪取美國海軍的普韋布洛號（USS Pueblo）（這艘船在通過東海岸時會負責蒐集情報），船上一名水手遭殺害，另外八十二名被當成戰俘囚禁，有時還遭到虐待與毆打（尤其北韓人發現這些人在宣傳照片中比中指，悄悄發出反抗的訊號）。普韋布洛號後來停泊在平壤的大同江，成為北韓知名的觀光景點。

一九八三年，北韓又嘗試暗殺南韓總統。北韓軍方得知南韓的獨裁總統全斗煥即將造訪緬甸，遂悄悄溜到仰光，向北韓使團取得炸藥。他們把炸藥藏在紀念為緬甸爭取獨立的翁山（Aung San）陵墓屋頂。十月九日，南韓前來進行國事訪問，第一站就是到此陵墓獻花圈。這群人一抵達，炸藥就啟動，在人群間引發嚴重的爆炸，共造成二十一人死亡，包括四位資深韓國部長級人物與其他顧問、記者、國安官員。全斗煥較晚抵達，反而逃過一劫。

在每一次事件中，南韓、美國與其他國家都決定不讓緊張局勢升高，以防演變成全面衝突。這樣或許避開了流血傷亡，但一整個世代的北韓官員學到一課：大可採取行動，也不用擔心造成反效果。事實上，他們愈是向世界投射危險的面貌，就愈不會遭到入侵。這種危險的道德風險（moral hazard）讓北韓更強大。「由於不用承擔後果，因此北韓的算計改變了。」長期擔任北韓政策雇員的人這樣說。

但是到了二〇一六年十一月，歐巴馬團隊與川普的新顧問見面時，傳達了一項訊息：戰略耐心可能行不通了。

有好幾個世代，美國總統會避免對北韓採取決定性動作，因為他們認為北韓的核子計畫是個慢動作播放般的威脅。一九九四年，在柯林頓政府執政期間，北韓將國際視察者阻擋在外，不讓他們驗證北韓是否遵守《核武禁擴條約》（Nuclear Nonproliferation Treaty）。美國情報提出結論，北韓正在利用鈽打造兩枚原子彈。西方情報機構低估了北韓的技術能力，發現其科學家推動研究計畫速度之快，遠超出預期。

比爾．柯林頓後來宣布，他「決心阻止北韓發展核武，即使有戰爭風險也在所不惜。」但在每一次兵棋推演後，五角大廈的政策規畫者提出的結論都一個樣：對南韓及部署於南韓的美軍來說，風險實在太高。緊張局勢不斷升高，一直到柯林頓不得不核准由前總統吉米．卡特（Jimmy Carter）公開訪問平壤，雖然不是官方訪問，但似乎還是讓局勢轉危為安。美國和北韓簽訂《框架協議》（Agreed Framework），凍結用來掩飾核武計畫的核反應爐運作與興建，以換取兩座無法用來發展武器的核能反應爐。在這次協議中，美國在其他盟友的協助下，會提供燃油給北韓，直到核反應爐完成為止。內線人士私下認為這交易很愚蠢，甚至危險。北韓真正的問題是電力傳輸，而不是發電。建造發電廠無法真正點亮這陰暗的國度。

二〇〇一年，小布希總統就任，而在約翰・波頓（John Bolton）等鷹派顧問協助下，論調立刻改變。證據顯示，即使北韓簽了《框架協議》，卻從未真正捨棄核武計畫，因此小布希的新政府便有政治上的理由可採取動作，撕毀交易並終止建設。在二〇〇二年一月的國情咨文中，小布希總統曾被視為發言不當，稱北韓是「邪惡軸心」的一部分，導致緊張局勢更加升高。

二〇〇二年十月，美國東亞暨太平洋事務助理國務卿（Assistant Secretary of State for East Asian and Pacific Affairs）柯立金（James A. Kelly）成為小布希政府第一個訪問北韓的官員。在這趟旅程中，情況確實急轉直下。柯立金並未顧及外交禮儀，而是馬上控訴北韓持續悄悄生產高純度的鈾，以發展核武。一開始，北韓予以否認。但隔天，北韓第一副外交部長告訴柯立金及其代表團，北韓「有權擁有核武」以自保，這樣才能避免威脅——最大的威脅就來自美國。

北韓議題總是在背景中醞釀，不時會冒出火花，但從沒有真正取得進展。二〇〇三年，北韓正式退出《核武禁擴條約》。雖然有些顧問敦促應對平壤採取更直接的行動，但是小布希選擇以外交手段來因應。於是便催生出六方會談；這是由南北韓、美國、中國、日本與俄羅斯所召開的一連串會議。六年來共進行了六回合，一直到二〇〇八年歐巴馬剛當選之後。

那一年四月，北韓繼續我行我素，發射飛彈，違背超級強權的期待；這些強權認為，北韓的舉動是對外蠻橫展現其洲際彈道飛彈計畫——這項計畫有違會談的精神，也公然違反二〇〇六年聯合國安理會第一七一八號決議：禁止彈道飛彈與核測試。

這次試射其實失敗了，但在美國催促之下，聯合國安理會譴責北韓的行徑。北韓隔天的回應是，將「永遠不再參與這樣的（六方）會談，也不受會談時達成的任何協議拘束。」來自國際的核視察者被驅逐出北韓。才不滿兩個月後的二〇〇九年五月二十五日，亦即美國那年的陣亡將士紀念日，北韓在地下引爆了核裝置。

隔年，南韓巡邏艦天安號（Cheonan）在靠近北方界線（Northern Limit Line）的白翎島（Baengnyeong Island）附近時爆炸，離奇沉沒。這條海域界線是有爭議的，而船上一百多名水手中有四十六人死亡。西方強權國家後來指稱，這艘船是被北韓小型潛艇發射的魚雷擊沉。南韓海軍總司令金成燦誓言，南韓不會「坐視不管任何導致我們人民傷痛的人。」

然而南韓及其盟友除了表達憤慨與切斷援助之外，沒有其他作為。

歐巴馬繼續執行「戰略耐心」，但也看出這疲軟的戰略在他兩個任期內並沒有成效。在川普參選時，這位即將卸任的總統警告對手，北韓的核武能力日益令人擔憂。歐巴馬的高層安全官員告訴繼任團隊，他很可能一上任就必須和北韓直球對決。

「北韓人會提高賭注，」詹姆斯・史坦伯格（James Steinberg）在歐巴馬的第一次任期間主導過北韓的策略，他如此告訴《華爾街日報》撰文者，「一成不變的現狀是無法維持的。」

艾德瑞安・洪很清楚北韓政策制定者的旋轉門。他在美國國務院的民主人權勞工局（Bureau of Democracy, Human Rights, and Labor）是知名人物，曾親自協助數十個尋求庇護的北韓人與外交人員聯絡。艾德瑞安常提到，自由北韓是他創辦的機構。就算他已離開這組織，自由北韓仍營救了超過千人——這項事實賦予了他聲望，即使那些援助行動並不是由他負責的。

他依然抱著些許希望，期盼美國政府或許會介入，在一切太遲之前對抗金氏政權。幾年來，他催促政策擬定者對北韓採取更強硬的立場，但同時依然小心謹慎，不透露太多他認為應該怎麼做的想法。多年來，他在國會大廈辛苦奔走，也在會議與研討會中演說，到二〇一五、六年時已顯疲憊，所以減少了他的網絡活動中較公開的那一面，但非正式的遊說並未中斷。

艾德瑞安和其他行動人士有一點差異：無論是和進步派、世俗的人相處，或與保守派甚至有濃厚基督教色彩的人權鬥士相處時，他都一樣自在大方。他並未試圖贏得更強的政治影響力，只想讓更多舉足輕重的人物投入——這樣才能說服他們，北韓正把美國和盟友當傻子耍——並繼續行動。

其中一個欣賞艾德瑞安說法的人，就是在隆納·雷根（Ronald Reagan，雷根總統的任期是一九八一至一九八九年）政府擔任美國司法部助理部長的波頓，爾後共和黨每次執政，他都擔任國安職位，於是那張在鼻唇間蓄著招牌鬍子的臉會一再出現，以廣博的觀點說明美國該如何發揮地緣政治的力量，秀出美國的肌肉。在布希政府時期，波頓可說是鷹派中的鷹派，他直言不諱呼籲小布希政府所謂的「邪惡軸心」國家都該政權更替，北韓也不例外。

二〇〇三年，波頓從北韓斡旋團隊被剔除，因為他在首爾的演說中提到金正日時，用語帶有貶抑色彩，稱他是「獨裁暴君」，還說「他在平壤過著皇家人物般的生活之際，卻把幾十萬人民關在囚營，更有數百萬人淪陷在悲慘絕望的貧窮中，挖著地面找食物。」

「對許多在北韓的人來說，人生根本是地獄般的夢魘。」他又說。

北韓當然會報復，稱波頓為「人渣、吸血鬼」。（波頓後來表示，這是他在白宮任職期間獲得的最高讚譽。）

艾德瑞安在二〇一七年抓住機會與波頓見面，當時波頓已離開美國駐聯合國大使的職位幾年了。在這次私人會面中，艾德瑞安暢談他對北韓的宏大理想。他解釋，他認為不必與北韓打交道，唯一的選擇就是協助挑起暴動。波頓很欣賞這番話，也打從心裡同意艾德瑞安的理想。

整個華府都有人像波頓一樣，認同艾德瑞安的看法，他們認為北韓不會誠實協商。這些人默默激勵著艾德瑞安，也答應時機對的時候會予以協助。

二〇一七年六月，川普才剛上任幾個月，國務卿雷克斯．提勒森（Rex Tillerson）就扛下艱鉅任務，得負責讓奧托．瓦姆比爾（Otto Warmbier）返回美國。這位美國大學生在二〇一六年一月二日遭到北韓安全人員囚禁。當時就讀維吉尼亞大學的瓦姆比爾參加導遊帶領的遊覽行程，經由中國進入北韓。他原本要在香港展開一個學期的海外課程，並決定在開學前到北韓一趟。

這行人在十二月二十九日從北京飛往北韓，準備度過五天的新年假期。大家一起喝酒慶祝新年，但之後瓦姆比爾卻遭到指控，說他在元旦的凌晨兩點，想從羊角島國際飯店（Yanggakdo International Hotel）僅限員工進入的區域竊取宣傳海報。後來，北韓出示一段畫質粗糙的影片，畫面中有個看起來像是男性的人，從走廊牆上取下大型加框照片，並把這張照片靠牆輕放。

根據《滾石》（*Rolling Stone*）雜誌的深度報導與其他文章的資訊，隔天瓦姆比爾等待離境時，兩名警衛過來拍他肩膀，旋即把他帶走。團體中的其他人都上了飛機，但有一名官員上前，宣稱瓦姆比爾身體不適，必須送醫。他就這樣消失了幾週，直到後來朝鮮中央通訊社才釋出報導，表示他因為「對國家做出有敵意的行為」，因而遭到逮捕。

之後，在二月二十九日，瓦姆比爾重新出現在朝鮮中央電視台，在記者會上唸一篇預先準備好的聲明，懺悔他試圖竊取這張海報的行為。怪的是，他說自己是為了故鄉的衛理公會，以及維吉尼亞大學的祕密社團Z學會（Z Society）才做出此舉；他還說，這兩個組織背後都是中情局在撐腰。

在二〇一六年的大部分時間，現任與前任美國官員都在遊說北韓釋放瓦姆比爾，而瓦姆比爾也在北韓最高法院受審。非政府組織「人權觀察」（Human Rights Watch）指出，北韓的「袋鼠法庭」（kangaroo court）[3]判定瓦姆比爾對北韓犯下「與美國政府惡意政策一致」的罪行，要處以十五年勞改。

隔年六月，北韓突然宣布要提早將瓦姆比爾從拘留中釋放出來。這舉動起初看似要討好新上任的總統，但大家很快發現，瓦姆比爾身體狀況不佳，北韓想在他死亡之前擺脫他。

北韓悄悄告訴美國官員，瓦姆比爾在服刑時肉毒桿菌中毒，吃了安眠藥之後陷入昏迷。

3 註：指不公平的法庭審判，法律就像袋鼠育兒袋中的幼獸一樣任人左右。

一組美國團隊（包含醫療人員）飛到北韓，發現瓦姆比爾處於「嚴重」的植物人狀態，四肢扭曲，且聽得到他發出痛苦的聲音。他們把他帶回美國，辛辛那提大學的醫生判斷，他腦部組織大量壞死，與腦部嚴重缺氧的情況相符，身上沒有任何肉毒桿菌中毒跡象。

才回國幾天，瓦姆比爾的父母就決定拔掉餵食管，讓他在醫院中逝世，得年僅二十二歲。川普政府與北韓互動的起步階段，就因為這樁駭人的悲劇而定了調。

在瓦姆比爾的悲劇之後，美國與北韓的敵意升溫，雙方緊張態勢趨於嚴峻。

八月時，川普在他的貝德明斯特（Bedminster）高爾夫俱樂部會議室對媒體發言，並威脅道，如果北韓繼續對核武抱持野心，他要以「全世界從未見過的烈火、憤怒與清清楚楚的力量」對抗北韓。幾天後，他在提到北韓時，聲稱美國的槍已上膛。

北韓不僅自稱是抹黑行動的受害者，還把緊張局勢更進一步往前推。二〇一七年九月，北韓在地下設施測試氫彈。在談及這次測試的聲明中，北韓政府聲稱可把它裝上洲際彈道飛彈。美國和盟友照著老樣子的劇本，以強化對北韓的制裁來回應。

不久之後，川普在聯合國大會演說，告訴與他同一陣線的世界領袖「從來沒有國家像北韓政權這麼墮落，對其他國家及自家人民的福祉展現如此輕蔑的態度。」這次北韓代表剛好就被安排坐在前排，他憤怒地草草寫下筆記，而川普還說金正恩周圍盡是「一群罪犯」。

川普在聯合國談到奧托．瓦姆比爾，說他是怎麼被送回美國，卻在幾天後死亡，也提到有個年輕女孩在日本海灘遭到北韓誘拐，這些都是北韓殘酷政權的實例。「火箭人是在為自己和他的政權執行自殺任務。」川普說，而他口中的火箭人就是金正恩。「美國準備好了，有意願、有能力，但希望不是非走到這一步不可。」

一整年下來，美國三不五時就冒出威脅。而北韓議題在二〇一八年一月再度成為大新聞，當時適逢南韓舉辦平昌冬奧期間。美國副總統麥克・彭斯（Mike Pence）的舉動轟動一時：冷眼逼視率領北韓代表團的金正恩胞妹金與正。

雖然彭斯展現出鋼鐵般的嚴厲視線，但這次北韓在冬奧的訪問是為南北韓政府融冰，並促成雙方官員在二〇一八年四月二十七日進行板門店會談。金正恩在會中表示，他會保持開放態度，與美國進行更多討論。

三月五日，金正恩設晚宴款待資深南韓代表團。據說金正恩對於「無核化」表現出順從態度，也願意和川普總統見面。三天後，曾親自赴宴的南韓國家安全顧問與情報長官把這消息告知白宮的川普本人，還帶著「來自金正恩的邀請函」，希望兩位領袖在五月舉辦高峰會。川普當場就接受了。

在五月的某一刻，川普與副總統彭斯都提到利比亞的格達費垮台，也警告金正恩不放棄核武的後果。他們似乎不明白，格達費是在協商時自願放棄核武**之後**才垮台的。利比亞的模式恰恰是北韓認為放棄核武的話會發生的事。

在幕後，川普希望自己硬漢演員的形象讓協商有所突破。在這整個期間，他告訴顧問，如果他和北韓能達到比之前幾任總統更好的協議，那他說不定可以萬古流芳。在他看來，最好的策略就是威脅與詛咒，這樣另一方就會被說服讓步，也才不必面對嚴重威脅。

歐巴馬使出「戰略耐心」，川普則是動用「最大壓力」，雖然實際上這只是一體兩面。關鍵差異在於，平壤在二〇一六與一七年以幾十次飛彈測試，拋出恐嚇煙幕彈，因此川普有動機可對金氏政權執行制裁，同時設法要其他國家扛起自己該負的那部分責任。只不過，川普在二〇一八年於新加坡會見金正恩時坦承，當時他沒有對北韓發動攻擊的意圖。

艾德瑞安現在住在洛杉磯，興致高昂地觀察著媒體對北韓下的混亂標題。表面上，這些論調似乎延續著幾十年來的基調：美國與北韓的外交關係岌岌可危。不過，川普政府的部分做法可能創造了行動的破口。就算這招外交棋步如他所料，以失敗收場，但立場較強硬的人（例如波頓）反而更有可能藉機設定政治目標。艾德瑞安知道，自己也想要和那樣的局面發展保持密切關係。

川普率領團隊在二〇一八年六月飛往立場中性的會面點新加坡，與金正恩進行排定的高峰會。當時這位總統其實就在飄飄然地想像，說不定可達成以前的總統都未能達到的破天荒成就。對這位高明的交易能手來說，這可能會是一輩子最重要的交易。而他又更加自我膨脹，因為南韓總統文在寅公開表示，他要提名川普為諾貝爾和平獎候選人。

川普暗留一手的，是一支四分鐘長的影片。這部片有點類似電影預告片，是由美國國家安全會議拍攝。影片裡指出，金正恩可能打破「歷史不斷重演」的循環，讓他的國家繁榮。這部影片據說是由「命運影片公司」（Destiny Pictures）製作，敘事者以莊嚴緩慢的語調說：「有那麼一刻，少數幾人會被賦予重責大任，創造出不同，」因此「新世界可從今天開始。」「在黑暗中，還是有光會出現，」敘事者繼續說，「希望之光可以燦爛燃燒。」在片中某一刻，畫面中的北韓在黑夜中亮起——這和從太空看北韓夜間那個知名的畫面恰恰相反。《衛報》指出，前國家安全會發言人內德．普萊斯（Ned Price）說：「整個計畫飄著業餘人士的臭氣，像在一步步試圖確認有哪些不切實際的點子，而這樣的點子就源於白宮的橢圓形辦公室。」

這場盛大的高峰會是在新加坡聖淘沙島的嘉佩樂酒店（Capella resort）舉辦，這裡散發著殖民時代州政府的感覺。在盛大的合照與儀式之後，川普與金正恩開始開媒體的玩笑。川普告訴金正恩，媒體「完全不誠實」，北韓領袖聞言大笑。

金正恩問川普，美國總統如何評價年紀較輕的北韓領袖，川普說，這是個好問題。波頓後來回憶道，川普認為金正恩是個很聰明、相當神祕的大好人，非常誠懇，個性甚佳。雖然這兩人聲稱彼此頗有共同點，例如都對關注朝鮮半島的無核化，實際上他們沒有真正的交集。

金正恩裝作無可奈何地告訴川普，他只是個政治人物，得面對國內的強硬派，那些人堅持反對除去國家重視的核武。金正恩故作姿態，說自己需要的，是美國先退讓。等到有所把握之後，金正恩就能說服他國家的權力掮客，朝無核化前進。川普一時衝動，答應延後與南韓的聯合軍演，同時他和金正恩一面繼續著真誠的協商。

隨著對談持續進行，川普開始與金正恩說笑，說他曾羞辱金正恩是「小火箭人」，並詢問金正恩是否聽過艾爾頓．強（Elton John）的歌。川普試著說服金正恩，換個角度來看，「小火箭人」可能是一種讚美。

後來，金正恩告訴媒體，這場會談像是在奇幻之地度過一天。川普回到華府後，在推特上發文寫道：「大家都會覺得此刻比我就職那天安全多了。現在沒了來自北韓的核武威脅。和金正恩見面是很有趣且正向的經驗。北韓的未來很有潛力！」

但是，歷史當然會重演。一整年下來，空洞的聲明並未讓北韓做出任何實際舉動。沒有出現較令人振奮的情況；一直要到隔年，川普會最後一次嘗試，企圖完成此生最大的交易。

川普的努力碰上困難、似乎就要停擺之際，千里馬則是扶搖直上。這團體在二〇一七年四月在網站上宣布他們已營救兩個人。不論在哪個媒體上，都見不到任何北韓官員叛逃的細節或報導，但是對北韓觀察家來說，這些貼文很誘人。「感謝C先生，以及某不願具名的政府。」

一名北韓非營利組織的老將告訴我，雖然他在公開場合不會採取任何立場，但私下倒是支持千里馬加大賭注。倡議界有時候暮氣沉沉，缺乏新鮮思維，對行動也抱有偏見。千里馬民防因為協助金韓松一事而名氣大漲。「我好奇，他們下一步會達到什麼樣的成就。」他告訴我。

如果要找出金氏政權確實面臨存亡關頭的驚險時刻，則得深入挖掘歷史。其中一次是一九六七年的甲山派事件（Kapsan Faction Incident）。這是北韓歷史上剛成為民族國家相當早期的階段，當時金氏政權尚未確立那種王朝式的權力。甲山派的成員就和金日成一樣，是韓國與日本衝突時期的老兵，但他們對於金日成鼓勵大家崇拜領袖相當不滿。這群人想要改變北韓的國家經濟政策、破壞金日成勢力，並指派新的人接班——朴金喆（Pak Kum-chol）。

金日成與二十六歲的兒子金正日以諸多宏大的演說掀起思想之戰，之後又發動肅清，對抗甲山派運動。有些人被驅逐到鄉間，有些人被殺害。但更重要的是，根據南韓學者林載淳（Jae-Cheon Lim，音譯）的歷史研究，這時候金日成掌握的權力變得無可匹敵，而朝代傳承的概念也成形了。在沒有任何人提出疑慮的情況下，金日成的盟友稱之為「唯一思想體系」

（Monolithic Ideological System）。之後，許多現代北韓專制的特色具體化了：到處都可看到百姓把金日成的別針別在上衣、引用偉大的領導者的陳腔濫調，官方會編輯所有書籍，使之具備革命的「正確性」。

將近半個世紀過去，金氏家族的統治沒有受到多少公然挑戰。北韓把告密者文化灌輸到人民心中，這麼一來，幾乎可確保沒有人會認真在國內挑戰這個政權。但這不表示北韓人——包括政府官員——全都喜歡這個國家的領導者與現狀。他們只是不會明白表現出來，尤其不會對外界表現。

千里馬在八月於網站上張貼韓文告示，他們公開表示要提供協助給更多想叛逃的北韓官員。「如果以下方的電郵地址聯絡我們，我們會安全把你送到想去的地方，無論你在哪個國家。我們已協助過幾名北韓官員，而且不期待任何回報。」相對於家鄉的百姓，派駐國外的北韓外交官是少數有可能上網的北韓人。

在之後幾個月，千里馬繼續發表意義含糊的線上貼文，透露出一種神祕色彩。這團體感謝英國政府「近期提供及時且關鍵的協助」，但沒有多說細節。網站上還有些難以解讀的貼文，例如「Black 70」與「3972745482」。這些公開張貼、有如密碼般的訊息，究竟是要給該團體在國外的網絡，或是給那些他們協助逃離者看的呢？

許久之後，我從一位千里馬成員那裡得知，會對英國表示感謝，是和某北韓高層官員的叛逃有關，千里馬協助那人在歐洲假裝意外死亡，之後再把他救出。那人先被送到英國，之後再送往南韓。

千里馬也涉入了政治領域。在十一月，該組織以韓文發表一篇冗長文章，批評文在寅政府無法協助有需要的北韓人。「難道你不是韓國人嗎？」這篇文章問道。這組織設立專門的電郵地址徵求志工，尤其希望有軍隊、急救、警政、救火、護理、醫療與翻譯經驗的人加入。

之後，在二〇一八年六月十一日，千里馬的網站上出現引人矚目的文章：「給想逃離北韓的同志——我收到你們的來信。如果你們已寄電郵過來，無需再寄。我們了解到目前同志所處的困境。現在請先尋求庇護之處，小心，注意安全。我們會很快與你們相見。」

十二　偷天換日

對溫和者溫柔、對狡猾者精明、對老實人信任、對惡棍粗暴、對騙子怒斥。最重要的是，萬不可枉顧自己的尊嚴。

——溫約翰．布朗（John Brown），廢奴行動人士

羅馬 二〇一八年十一月

大致而言，趙成吉（Jo Song-gil）可說擁有人人欽羨的職位。他是北韓最受信賴的駐外高層之一，相當富有、受到尊敬，在家鄉也有政治人脈。他在二〇一五年來到義大利，是使館職位第二高的外交官，在二〇一七年升為代理大使，因為當時義大利驅逐他的上司，以抗議北韓在那年進行核武測試。年近不惑的趙成吉能操英語、義語和法語，曾於法國任職，散發出細膩優雅的氣質。他的興趣之一是中世紀藝術。

在羅馬，趙成吉不僅擔任北韓駐義大利大使這麼令人羨慕的職位，還負責接洽聯合國糧食及農業組織，為北韓的食物援助契約進行協商。北韓或許不喜歡公開承認，但這樣的援助對於餵養這個國家來說至為關鍵，因此對政府來說非常重要。

不過，趙成吉仍想不計代價，離開北韓。

在北韓，外交官會經過精挑細選，不僅在政界有人脈，而且他們出身自彼此通婚的頂層階級。他們要經過大量的意識形態訓練，學習過程會讓他們對北韓的一切瞭若指掌。曾見過這些人的西方與南韓外交人員會說，在和從平壤遠道而來的外交人員見面時，即使是坦誠的時刻，也很難察覺他們對事物有絲毫個人想法。

對北韓來說，叛逃者是最嚴重的情報漏洞。他們不僅掌握資訊、知道北韓向世界各地使館傳訊的密碼系統，還洞悉北韓的犯罪事業及外交政策體制，情資多到難以計量。

趙成吉地位之高，從他能在羅馬與妻女同住即可見一斑。多數外交官在政經階級的「出身成分」系統中，是出自最高的「核心」社會階層，但還是要在北韓留下至少一位至親，當作擔保。趙成吉能獲准帶著十幾歲的女兒同行，原因之一是她有一種不明的精神疾病，需要有人時時注意。

這系統沒什麼奧妙之處：要是叛逃的話，你的妻兒或祖父母就倒大楣。在金氏政權的眼中，逃脫、脫北就是犯下罪行，必須承受惡名昭彰的「三代懲罰」，這是創建北韓的金日成所制定的，表示絕對得坐牢，也可能代表死路一條。

太永浩是看似溫和的五十四歲男子，他戴著眼鏡，是北韓駐英國代理大使，在二〇一六年投誠到南韓，此舉被視為嚴重叛國。

表面上，太永浩在任職期間似乎是徹底的北韓守護者，在英國共產集會上會慷慨激昂地演講，而英國記者前往北韓時，他也擔任守門員把關。但是在駐英的十年間，他似乎吸收了英國的生活方式，喜歡吃咖哩餐食，也與朋友打高爾夫和網球。

資深外交官投誠到南韓，這讓北韓臉面十分掛不住。實際做出投誠之舉可不是間諜小說才有的事。有一天，好像什麼事也沒有一樣，太永浩帶著妻兒步行離開使館，就這樣走到南韓使館，且立刻獲得支援。在英國當局的協助下，一家人被安置到安全住處。這家人搭上英國軍機飛到德國，之後再飛往南韓。

艾德瑞安經常向準脫北者提起太永浩的例子，因為那是相對單純的案例。準脫北者常會感覺到腕上有手銬，但那其實是想像出來的。門扉時時敞開，你只要走過去就行。

在太永浩事件之後，北韓外務省就制定以下政策：外交官派駐海外時，至少要有一名至親得留在國內，通常是孩子或配偶。

就連抱有脫北念頭也異常危險。但就在趙成吉羅馬的任期即將於二〇一八年十一月結束之際，有一天，他找到短短幾秒珍貴的獨處時間，便火速傳送加密電郵給義大利和南韓政府，以及與千里馬民防走得近的人士。

外交人員會開始聽說千里馬，是因為這組織在金韓松穿過重重包圍的過程扮演要角。當然，外交人員若接觸這團體，那代表犯下殺頭罪。有些北韓人甚至擔心，千里馬這個組織根本是場騙局，是北韓本身創造出來的陷阱，目的是誘捕那些想當叛徒的人。這是金氏政權搞出來的幻想症。

北韓的外交人員面對的一大挑戰是，他們須同時完全接納與相信北韓一直向人民宣傳的「真理」，又要在「現實世界」生存；問題是，在現實世界，北韓政府宣傳的任何事都不正確。從某方面來說，北韓外交人員最重要的技巧，是同時保有兩種相互矛盾的觀點，又不讓自己發生任何認知錯亂。對北韓駐外人員來說，歐威爾的「雙重思想」（doublethink）是生活現實，也是生存機制。

趙成吉外向健談，在探訪工廠與物流中心的行程中常令商人感到驚訝。他的正式禮儀非常到位，雖然稍嫌機械化，因此許多與他見過面的義大利人相信，他受過很全面的禮儀訓練。

但是「朴先生」（Mr. Pak）可不是這麼回事。無論趙成吉到哪裡，這位矮矮胖胖的先生都會跟在一旁。朴先生的義大利語沒那麼靈光，行為舉止也比較粗魯。見過這兩位的義大利人會推測，朴先生是被派來盯著較資深的趙成吉。如果趙成吉想逃，就不能引起這如影隨行的人懷疑。

在每一個環節，趙成吉似乎遵守規矩到了極致，甚至要求與他相見的人出示文件，證明自己的真誠。根據《華爾街日報》約翰．李昂斯（John Lyons）的報導，他和朴先生會一起出席義大利政商界人物的午餐場合，盡情吃喝，但帳單送來時總會剛好別開眼神。

過了許久之後，趙成吉在南韓告訴訪談者，他在脫北之前曾悄悄讀過非韓文的課本，研究北韓歷史，讀了十年之後才選擇脫北。趙成吉在羅馬的工作等於為他開啟一扇罕見的機會之窗，一探北韓的糧食情況。雖然北韓有自給自足的教條，實際上卻深深仰賴救濟，才能確保糧食安全。同時，靠著遍及全球的非法事業，以及滿是只求溫飽的員工運作的工廠，金正日與核心圈子得以過上奢華的生活。

這些被揭露的真相宛如種子，在趙成吉的心中萌芽成長，與他看待世界的所有觀點深深纏結在一起，後來他終於明白，他之前所受的教育全是謊言。

千里馬民防認為，營救外交人員不光是能協助個別家庭找到更好的生活，雖然那是雙方已有的共識。這些官員掌握著關於北韓政府與祕密行動的龐大情資——這些情報對艾德瑞安與團隊來說相當珍貴，畢竟他們的計畫更具革命性，是要推翻金氏政權，且這些情報也可交給美國與其他情報機構。這麼一來，千里馬民防就有與間諜互動的理由。

最重要的是，資深官員脫北的宣傳價值可能很大。北韓資深外交官背叛金氏政權，這件事對外傳達出以下訊息：金正恩對於菁英的掌握搖搖欲墜。

太永浩投誠時，南韓政府發言人曾大肆宣揚，說這是「一種跡象，代表北韓核心菁英對金正恩的政權失去希望。」因此，「北韓統治階級的內部統一性正在瓦解。」北韓分析者則對脫北者沒那麼樂觀，認為這只是個別案例。

脫北的風險很高，但難度遠不及護送脫北者穿越中國邊境，期盼美國大使館會協助他們離開國家，在南韓或其他地方找到安身之處。千里馬民防的一大挑戰，就是審查寄來的電子郵件。自從建立線上收件匣之後，他們就警覺到，要聯絡一位準脫北者，得先面對幾十封有病毒的電子郵件，那是北韓特務為了弄清他們身分而寄送的。即使看似真正的脫北者也可能是冒牌貨，目的是把千里馬的志工騙入陷阱。

千里馬帶著神祕光環，許多部落格與線上評論者猜測，他們是美國中情局的前線組織。就連大學與智庫的北韓分析家也不太明白，為何會有個真正的地下組織，致力於推翻金正恩。

在南韓，一般會對以北韓為目標的行動團體投以懷疑態度。大家會問的第一個問題：背後金主是誰？比方說，有些行動分子是把反金氏政權的宣傳與其他資訊綁在氣球上、讓氣球飄到北韓，而行動分子其實接收了來自美國政府與其他地方的資金，這一點三不五時會被提起，也會破壞行動的公信力。

千里馬民防的祕密，是它幾乎沒有經費。捐款多來自組織成員——前文才提到，克里斯多夫自掏腰包買機票，讓金韓松與母親和妹妹從澳門經台灣逃往他方。艾德瑞安走遍世界各地為了北韓而努力，不過他是花自己的錢，往往入不敷出。他有妻子，也打算生孩子，但沒錢始終是壓力來源。

現金向來是問題。哪怕是對艾德瑞安的世界觀感同身受的捐款者也不想碰有風險的行動。他們樂於每月捐款支持已抵達美國的脫北者，或在邊境設立庇護所，但沒多少人願意冒著風險，被人發現自己和專門想推翻核武國家的組織扯上邊。

艾德瑞安愈想，就愈覺得他需要去找那些可能資助革命活動的人，請他們提供金援。在泰國、日本與亞洲其他地方，他和熟識的商業高層主管談過之後，甚至敢開支票，請對方提供大筆捐款，並說北韓一解放就會償還。這想法固然引起興趣，但沒有人買單。很誘人，但風險太高。艾德瑞安愈來愈洩氣。

在某一次脆弱時刻，看起來疲憊不堪的艾德瑞安向克里斯多夫坦承：「我不想幹了。」

艾德瑞安暗示，他幾年來一直在找個能帶頭的人，卻找不到還有哪個人會和他一樣投入——願意全心全意以推翻金氏政權為目標而努力。他告訴克里斯多夫，他總覺得自己一文不名，因為一直入不敷出，而他又不愛追求潛在的商業機會。

克里斯多夫欣賞艾德瑞安此刻的坦白，於是說了患難見真情的朋友會說的話：「嘿，兄弟，需要什麼就說吧，」他告訴艾德瑞安，「如果你只是想散散心，那就發洩一下，不必討論北韓。」不過，艾德瑞安並不是一般人，他願意坦承的片刻轉瞬即逝，很快又封閉起來，打開手機查看Signal上來自世界各地的幾十則訊息。

由於缺乏經費，千里馬民防得把焦點放在花費相對較少的行動，且這些行動要事半功倍，帶來重要情報，並逐漸削弱北韓政權無所不知、無所不能的神話。世界上多數人當然不信那一套，但是北韓人從出生開始就被洗腦，會把勞動黨與金氏政權視為萬能天神。

解方就是，設法找出高知名度的人脫北。北韓高官叛逃的消息會傳遍全球。相關畫面可以很輕易用隨身碟以氣象氣球走私到北韓。

脫北者所提供的珍貴情報也同樣有吸引力。外交官不僅受到信賴，在工作中會有許多國家級機密交付給他們，同時這些人也得負責為政權賺錢。多數北韓大使館也要兼差，才能替自己取得經費，而根據聯合國報告與前情報員的說法，這些賺錢手法有些並不合法。外交官還兼差毒品或武器交易，或利用外交豁免權來進口免稅貨物，之後再出售獲利。二〇一五年，一名南非的北韓外交人員遭到驅逐，因為他非法走私犀牛角到莫三比克。二〇一六年，另一名在孟加拉的北韓外交官走私超過一百萬美元的香菸被逮。

聯合國設立了專門小組，負責監測北韓設法規避制裁的活動，結果發現北韓與敘利亞有大量的軍火交易、在伊朗與杜拜之間走私黃金與現金；在歐洲與非洲進行的其他活動尤其多。不過，使館員工經營的生易未必特別有利潤或令人嚮往。在印度的北韓大使館會低調販售牛肉，並把地下室當屠宰場。挪威警方發現，在一九七六年的調查中，奧斯陸的每個北韓使館成員都涉入烈酒與幾十萬根香菸的進口與非法銷售。

在波蘭，有四十家公司在北韓大使館註冊，包括遊艇俱樂部、廣告公司與製藥公司。保加利亞索非亞則有個經常對外出租的活動空間，供人拍攝照片或電視實境節目，而這空間其實屬於北韓政府。

二〇二一年二月，一位前北韓外交官告訴CNN，每間使館除了有外交人員，還有「經貿工作者」——每個月都會被分配一定的額度，必須要賺足額度，再把款項繳回給祖國政府。在某些國家，例如科威特，北韓就會分派數千名低階工作者，統一出租給建設公司當人力，所有工資當然是回到北韓政府手中。基本上，這就是奴工。此情況在二〇一七年大部分都停止了，因為聯合國公布決議：禁止會員國聘用北韓工人，藉以懲罰北韓新一輪的飛彈與核測試，只有中國和俄羅斯不從。

那些兼差的細節是很珍貴的情報，可用來阻斷流入平壤的外幣，這正是金氏政權的盔甲破口。艾德瑞安與千里馬民防想利用這個漏洞來發揮更大的野心，煽動北韓革命。

艾德瑞安和千里馬的同事剛得知趙成吉想脫北時，就開始分析羅馬的北韓大使館。這幢建築坐落於安靜的街道，周圍有較大的住家與使館散布於同一條街上。羅馬的這個區域稱為EUR[1]，曾是貝尼托．墨索里尼（Benito Mussolini）著手舉辦一九四二年世界博覽會的地方。從北韓大使館轉個彎就是孟加拉大使館，這裡還有一座巨大的體育場，稱為帕拉羅托馬提卡體育館（PalaLottomatica），也就是一九六〇年奧運籃球賽的場地。

要不是一小塊金屬牌匾寫著「朝鮮民主主義人民共和國大使館」（Embassy of the Democratic People's Republic of Korea），誰如果從這棟隱藏在一扇大門與蒼鬱樹叢後的建物前走過，很容易以為這只是幢古老民宅。

往北走個二十分鐘，就是義大利文明宮（Palazzo della Civiltà Italiana），口頭上也稱為「方形競技場」，因為它的外觀很像知名的紀念碑式建築——羅馬競技場，但造形是立方體。這棟建築物原本是要頌揚墨索里尼法西斯政權用的。

雖然其他西方國家和北韓之間的敵意可說是全球性現象，但多年來，義大利與北韓的關係顯然較溫和。二〇〇〇年，義大利成為七大工業國（G7）中第一個與北韓建立外交關係的國家；這兩國多年來也有不少往來，只不過相對低調。二〇一五年，北韓甚至獲准在米蘭的展覽中展示人蔘製成的美容產品。義大利研究者曾在二〇一〇年前往北韓，研究白頭山的

1 註：Esposizione Universale di Roma的縮寫，意為「羅馬萬國博覽會」。

火山特質——那裡是許多韓國傳奇與民俗故事的場景。

在義大利政治圈，有些知名政治人物推動著義大利與北韓之間的關係，包括前參議員安東尼奧・拉齊（Antonio Razzi）與國會議員奧斯瓦多・拿玻里（Osvaldo Napoli），拿玻里甚至領導一個旨在提升義大利與北韓合作的委員會。趙成吉在派駐羅馬期間，就是和這樣的人物最熟稔。

在與趙成吉見過面的義大利商人與外交人員眼中，他沒有一絲對政府不忠的跡象。拉齊有時還會極輕微地批評北韓的創立者，試著激怒趙成吉，例如說金日成比金正日更常露出笑容的笑話。趙成吉會直覺反應似地，立刻擺出咄咄逼人的防衛姿態。

八月十五日，趙成吉邀請二十多個義大利共產黨員、立法者與商業聯絡人，來到伊斯貝蘭多大道（Viale dell'Esperanto）的使館，參加北韓光復節的招待會。貴賓進入大使館之後環顧四周，想看看他們國家鮮少對外示人的空間。然而，一陣悲哀排山倒海而來：偌大空間只有最陽春、最簡單的家具，牆面幾乎空空一片，只有幾張可憐的北韓風景畫，以及常見的金正日與金日成聖像般的照片。

大使館員工在桌上擺了小小盤的義式與韓式料理，像試吃品。訪客還拿到有刮痕的舊杯子，裡頭裝的酒彷彿是用頂針斟出的。

在莊重的氣氛下，趙成吉談到他很快就要返回北韓，並說希望能在離開之前走最後一趟行程，拜訪那些遍及義大利各地的聯絡人。

西班牙法庭後來公開的文件顯示，一個月之後，艾德瑞安、克里斯多夫與山姆・柳（Sam Ryu）——艾德瑞安在聖地牙哥的高中學弟——來到義大利進行偵察任務。千里馬的成員表示，他們除了在羅馬，也在布拉格與吉隆坡進行偵察行動。

他們飛到威尼斯，將那裡當成短程的行動基地，下榻的是簡單的安尼亞公園飯店（Annia Park Hotel），距離機場只有幾分鐘路程。威尼斯機場每天都有來自世界各地的觀光客，出入者背景相當多元。只要脖子上掛一台相機、身上帶個腰包就能偽裝起來，是很容易消失在茫茫人海的地方。

艾德瑞安之前曾問克里斯多夫，想不想當千里馬的領導者，肩負起自己的責任和任務。克里斯多夫以強調的語氣說「不」。

「我得經營事業，還要養家。」他告訴艾德瑞安。

克里斯多夫忙著創建一家新公司，業務是供應特殊的食材給餐館與咖啡館，以製作高價位飲料與其他產品。其中一種材料是大麻籽油補充品，可製作大麻籽油拿鐵與冰沙。由於投資者紛紛出現，他根本沒什麼時間投入千里馬的志工任務。

不過，他覺得不能完全讓艾德瑞安吃閉門羹。在艾德瑞安需要有個能同理共感的人的時候，他倒是願意出馬。無論他有多忙，他還是希望能成為「聚沙成塔」的一分子。他不想做任何和軍隊有關的事。「那無法定義我這個人。」他後來說。

相對地，每當他們面對冒著生命危險只為與千里馬成員對話的準脫北者時，艾德瑞安就會帶著克里斯多夫現身，把他當成令人安心的存在。克里斯多夫會以韓文告訴那些人，他「來到這裡，是要讓你知道，如果有任何期望，我們會幫助你實現。」他自認是在這些情況下較為「親切」的面孔——讓人放心，不用哄騙就讓對方覺得夠安全，敢繼續往前走。

千里馬的運作有一個詭異的現象：沒有任何成員在抵達現場之前，會獲得完整的行動指示。他們會出現，是因為百分之百信賴艾德瑞安。抵達義大利之後，克里斯多夫才發現計畫幾個小時後就要展開。這樣是為了確保行動的機密性。這團體的所有動態都假設了北韓駭客會緊追在後，設法找到蛛絲馬跡，看他們究竟在和誰說話。即使在千里馬網站上也是運用模糊的代號與一串數字，當作簡單的資訊發布系統，讓成員能收到訊息，不必靠彼此直接打電話或傳訊息。

為了蒐集情報，艾德瑞安取得偽造的義大利身分證，上頭的命字是馬修．趙（Matthew Chao），而且他在杜拜創辦了一家假公司「史東男爵資本」（Baron Stone Capital），用來與大使館及北韓相關的商人通電郵。幾年來，馬修．趙就以這個偽裝身分拜訪過歐亞多間大使館。有時候，大使館人員並不知道他是誰；有時候，他們會聯絡聯絡千里馬，盼能逃脫——

趙成吉就是一例。

在一個清冷的十一月早晨，趙成吉與家人要離開了。展開行動的團隊是由幾人所組成，他們都認同千里馬的目標，是艾德瑞安在投入北韓相關工作的不同階段從世界各地招募來的。有些人本身就是脫北者，覺得必須採取行動。有些人則是南韓行動分子，他們實在看不慣原地踏步的現狀。

營救者開兩輛車前來，停在使館前門約一百碼處。根據熟悉這次逃脫行動的西方情報人員說法，他們的引擎沒有熄火，就這樣等在那裡。

突然間，大使館的門打開，趙成吉和妻子出來後掃視著四周，要尋找這輛車——那一刻，他們很怕無人等待。他們一瞥見要帶他們逃脫的車子，就立刻衝上車。

「走，拜託，快走。」情報員說趙成吉這樣告訴駕駛。他們猛然駛離，尋找通往威尼斯的高速公路，那個當下夫妻倆看起來既恐慌又煩惱。

待他們鎮靜下來，才有辦法開口，說沒辦法讓十七歲的女兒一起來。她有障礙（沒有正式診斷，可能是一種自閉症），通常很難溝通。但是他們沒有時間再拖下去，得速速做決定，於是夫妻留下她就離開。趙成吉的妻子非常心慌意亂。

二〇二〇年四月，我和同事在《華爾街日報》報導千里馬在脫北的過程中所扮演的角色，內容引述了熟悉他們行動的人提供的資訊。趙成吉二〇二一年終於抵達南韓，他否認和千里馬有任何接觸，並聲稱與妻子是自行逃脫的（他們到南韓之後就離婚了）。

前義大利參議員拉齊在八月曾和許多人受邀參加北韓光復節活動，打算在趙成吉的大使任期結束前見他最後一次。他們同意在活動後，於十一月二十日相約在十五世紀義大利參議院的所在地夫人宮（Madama Palace）附近，到名叫拉加納（Lagana）的小餐館餞別。

不過，只有朴先生前來，身邊跟著一個板著臉孔、年紀較長的男子，他不會說義大利語；介紹人說，他是新任的代理大使。對話氣氛相當冰冷。

幾天後，趙成吉這位外交官突然脫北的消息便在義大利官員之間傳開。

十三　我要離開一段時間

不透露祕密，是所有魔術師心照不宣的道德。

——大衛．考柏菲（David Copperfield），知名魔術師

洛杉磯
二〇一九年一月

山姆．柳來到熱鬧的洛杉磯鬧區，在歡送會上現身。兩個朋友對於他的新冒險事業提出好多問題：那**究竟是**什麼？在哪裡？誰會與他合作？

不過，山姆不願意透露任何細節。在朋友看來，這位笑嘻嘻的二十九歲男子好像在扮演間諜首領，雖然他對於新冒險的興奮之情溢於言表。在朋友眼中，這一刻好不真實，因為在此之前，山姆的生活怎麼看都是中規中距那一派的。

進入南加州大學就讀之後，他就踏上好萊塢階梯的最底層。他第一份工作是在洛杉磯的

旅遊影視公司（Traveling Picture Show Company）擔任行政助理——此產業中的低薪助理工作。這間充滿現代氣息、走閣樓風格的辦公室，距離好萊塢星光大道只有幾分鐘路程。

後來，山姆往上爬了一階，成為電影開發與製作經理，經過三年歷練後，他成為Portal A的製作人，這間製作公司著重於社交媒體的經營。一位前員工回憶道，這間公司的作品通常相當膚淺，與「網紅」這個迅速發展的領域有關。

山姆在過程中學習到許多技巧。他知道如何監製影片拍攝，以及如何製作紀錄短片。沒錯，當他在朋友面前宣布要出售所有家當、中途將房屋退租，並加入不可說的新計畫時，他根本連好萊塢大聯盟都沾不上邊。他能透露的，就只有這是一部紀錄片，風險很高，地理範圍遍及全球——他覺得這項計畫可能會改變一些人的人生。山姆告訴朋友，他一年的大部分時間會花在旅程上。

但他沒有告訴那些朋友與同事的是，他的新老闆及這項計畫的主要贊助者是艾德瑞安・洪——白天是北韓人權的捍衛者，夜裡則帶領地下反抗組織，致力於推翻金氏政權。他們正在規畫的紀錄片是要進入北韓大使館拍攝，內容會出現很罕見的脫北者訪談，目標是創造一股能激勵人心的力量，以期在北韓打破金氏政權無所不能、無所不在的形象。他們想透過北韓人民能理解的語言與風格，揭露金氏政權的真相，繼而弱化金正恩的掌權。這跟餵給狂看YouTube的青少年的內容可是天壤之別。

對艾德瑞安來說，山姆並非陌生人。兩人在丘拉維斯塔就認識彼此，他們隔了六屆，就讀同一所高中。久而久之，山姆這個原本帶著小男孩氣質、彬彬有禮的年輕人，也熱烈支持起艾德瑞安。他可以發揮技能，比方說負責幫這個團體編輯影片，但對艾德瑞安而言，更重要的是，這位年輕無畏的部屬願意臨時收到通知就跳上飛機，協助進行計畫或任務。

二〇一九年對千里馬來說注定是重要的一年。在山姆的歡送會前兩週，這團體在網站上寫：「今年會是凡事都將有所改變的一年。」來自準脫北者的訊息持續捎來，而對於這團體及其工作的矚目也與日俱增。千里馬有五、六個救援案件，分別進行到不同的階段，全數都和海外的北韓人有關。自從金韓松的救援案件以來，來自記者的訪談邀約就源源不絕。

最早接觸這團體的記者當中，有一位是《華爾街日報》的阿拉斯戴爾．蓋爾（Alastair Gale）。艾德瑞安會以千里馬民防的電郵來回應問題，但蓋爾從來不知道組織中任何人的名字，因此他只稱之為「一群北韓反對派」。

艾德瑞安在寫給蓋爾的電子郵件中曾怨嘆，當年稍早，千里馬曾接觸過幾個國家，盼這些國家（包括與金韓松逃脫有關的國家）能協助脫北者，但有些國家予以拒絕，他挑明加拿大就是一例。艾德瑞安寫道，在其他國家拒絕採取行動時，「我們仍得滿足北韓人的需求，要讓他們免受危難。」

這篇文章把千里馬描繪得很正面，裡頭還包括與不具名的脫北者、人權工作者與外交官的訪談，說這團體的人脈網相當強健、動作迅速，也曾參與多次成功的救援。

在山姆歡送會的同一個月，艾德瑞安在中東與亞洲為另一項計畫而奔走。他最大的期望就是賺到夠多的錢，讓千里馬民防開始有穩當金援，也好支付志工薪水。艾德瑞安與奧沙馬·阿布沙古爾這位在利比亞內戰時期結識的老友，在二〇一八年夏天創辦了一家公司——Qwik.ly；他們懷抱雄心壯志，想成為全球性的共享小型電動機車公司。他們的第一個市場選在杜拜，這座城市願意嘗試前衛的運輸理念，態度相當開放。艾德瑞安一月在新加坡時，曾和潛在合夥人討論Qwik.ly相關事宜。

這家公司在二〇一八年六月出現在推特上，帳號名稱是@moveqwikly。Qwik.ly運用「趣騎」（Trikke）電動腳踏車，那年夏天與秋天在杜拜成立試駕地點。朱美拉海灘度假公寓（Jumeirah Beach Residence）位於杜拜南端，當地居民可騎著這種腳踏車，馳騁於整條濱海步道。Qwik.ly在網站上聲稱這家公司是「在中東、北非、亞洲與歐洲首創的無樁式微移動平台。」

山姆與克里斯多夫也會參與這間企業的運作。艾德瑞安希望他在北韓任務中所信賴的朋友也加入，部分原因是他秉持的道德信念：商業與非營利工作可以並存，甚至互相創造好處。Qwik.ly獲得了可推動營運的種子基金，據說未來還會有更多資金。這樣一來，他們便得以利用這些資金在阿聯擴張，成為共享小型電動機車的龍頭品牌。

艾德瑞安對於公司的前景極為樂觀。他認為可以靠這家公司賺取數百萬元，接著也就能以前所未見的方式，快速推進千里馬的運作。

艾德瑞安在二月七日搭著Uber來到馬德里的北韓大使館。他西裝筆挺，打著領帶，走向紅牆包圍的館區。他信賴的副手山姆就駐守在同一條路上的歐洲之星札左拉公園飯店（Eurostars Zarzuela Park hotel）。

艾德瑞安按下門鈴，一名年輕男子小心開門，窺看這位站在入口的男子。「我是史通男爵資本的馬修．趙。」艾德瑞安一邊說一邊伸出他的手。他說自己有興趣與大使碰面，談一談某椿生意的合作可能。

幾分鐘後，那名男子和徐燕石回到門邊。徐燕石就在大門旁和艾德瑞安簡短對談。至於他們到底說了什麼，沒有人知道半點細節。

「馬修．趙」在離開之前，把名片交給徐燕石，上頭有史通男爵公司的地址，以及艾德瑞安真實的手機號碼。

這次簡短的會面無疑推動了徐燕石與千里馬初步且關鍵的互動。

這過程早在幾個月前就已開始進行：二〇一八年六月，有一封訊息送到千里馬的電郵地址CCDprotection@protonmail.com，寄件者自稱派駐歐洲的北韓外交人員。在幾次謹慎的訊息往返之後，這人同意透露自己的姓名與所在地。

千里馬已把網站設計成能吸引徐燕石這樣的人。他們強調自己可以提供保護，且不期望任何回報。

網站上有一篇只以韓文撰寫的貼文，撰文者是「北韓高級官員」。在這篇文章中，這位官員先描述外交官派駐世界各地的大使館時，內心會有多麼驚懼。「北韓人派駐國外時，第一個浮現腦海的念頭就是：快逃。」他寫道，同時他也談起受監禁的感受，以及對於隨時可能被召回平壤的恐懼。

之後，這位官員稱千里馬為「樹立於波濤洶湧的海畔的燈塔。」後文則繼續說：

> 我剛開始與千里馬聯絡時，老實說，內心有許多疑慮。你們就像一道沒有固定形狀的神祕影子。從知道我個人手機號碼，到救援過程中使用豪華汽車與飛機，你們的熱情與滴水不漏的準備實在令人吃驚……脫北原本是我得一輩子承受的夢魘，但是多虧你們的奇蹟與恩典，這個夢想能夠在幾個小時內成真。

以回顧角度來看，這段話猶如那位官員在離別時，親自對艾德瑞安說的話：「只有你能像影子一般接近他們，也只有你能讓願望成真。」

山姆與其他三名來自南韓的千里馬行動人員，在徐燕石寄出第一份訊息給千里馬之後就飛往馬德里。他們住在歐洲之星札左拉公園飯店，利用這趟旅程探索這一帶的環境，另也在大使館偷偷拍下偵查照片。

這些行程中，有很大一部分的目的是探勘環境，好摸索出別出心裁的方式，安排越過封鎖線的行動。他們該怎麼做才不會引起懷疑——怎樣看起來會比較自然？

他們的韓裔特徵有利有弊。好處：路人似乎會打從心底認為他們只是觀光客；但問題是，他們也會引人注意，尤其是行為舉止怪異的時候。大使館位於馬德里西北的阿拉卡瓦區（Aravaca），這一帶是富人的住宅區，西班牙有幾位前總統就是居民。沒有多少觀光客會來。

二月時，艾德瑞安安排要走一趟大使館，親自與徐燕石碰頭，以證實自己的誠意，並與他確認行動正在進行中。一旦「馬修．趙」出現，就代表千里馬是真心誠意準備要營救他和家人。

這次行動包含許多層面。最重要的即是營救徐燕石及其妻兒；不過還有其他可能性。徐燕石還暗示著另一種可能，那引起艾德瑞安的注意：或許大使館的每個人都一起脫北。在館內的北韓人除了徐燕石與妻兒之外，還有另一對夫妻及兩名男子，總共有七人。

無論是艾德瑞安忘記，或徐燕石從沒給對確切人數，總之千里馬是依照館內只有六名成人的印象在做規畫。艾德瑞安依據從徐燕石那裡得來的消息行事，還抱著或許也可說服其他人叛逃的希望。

雖然未必能確保整個大使館都叛逃，但還是可能實現艾德瑞安長久以來的夢想：為他的反抗行動建立起實質的反抗大使館與總部。

「我們以為，整個局面可能翻盤，」他後來告訴一名友人，「我們可以宣稱這是新共和國的第一個大使館，是反抗勢力的發射點。」

西班牙的偵查之旅也給艾德瑞安一個機會，讓他去和歐洲一個最奇怪的北韓支持者見面——一位名叫亞歷杭德羅・曹・德・貝諾斯（Alejandro Cao de Benós）的西班牙人。

曹・德・貝諾斯是一群怪人中知名度甚高的一位，這群怪人只能說是北韓的超級粉絲，儘管有些惡意的色彩。他對強人獨裁政權有興趣不完全是出於偶然。他來自原本支持法西斯的貴族世家，雖然家道中落，仍一派高傲。

曹・德・貝諾斯從少年時代就是萌芽中的社會主義者，還為北韓神話莫名感動，於是省吃儉用，在十六歲時存夠錢，搭機前往平壤。他後來告訴《彭博商業周刊》（*Bloomberg Businessweek*）的撰文者說，他在平壤看見了「乾淨的社會與優質的人民。」

曹・德・貝諾斯在前往平壤之後得到啟發，回國便建立了「朝鮮友好協會」（Korean Friendship Association）。一九九〇年代的泰半時間，他一邊在資訊科技業工作，一邊統籌許多小型聚會。二〇〇〇年，他建立了北韓第一個官方網站korea-dpr.com，整個北韓政府就只有一個網站，一直到二〇一二年才出手自己打造其他網站。《彭博商業周刊》寫道，雇主質疑他為何設立這網站時，曹·德·貝諾斯則解釋，這只是興趣。「每當我回到家後，如果沒踢足球或玩電腦的話，就會在晚上七、八點開始為北韓做點事，一直做到凌晨兩、三點，」他說，「我熱衷這件事。」

在艾德瑞安造訪大使館前三天，德·貝諾斯收到一封電郵，寄件者是一位名叫艾琳娜·桑切斯（Elena Sanchez）的女子，她自稱是位於杜拜的史東男爵資本副董事。桑切斯解釋，她的雇主馬修·趙要投入五千萬元到北韓、蒙古與緬甸，進行「基礎建設、礦業與能源」的投資。

桑切斯解釋，馬修·趙很快就要抵達馬德里，希望曹·德·貝諾斯能幫忙聯絡大使。曹·德·貝諾斯不信賴這種不知從哪冒出來的人的詢問，因為可能是外國情報人員想利用他得知更多關於北韓的資訊，於是他拒絕引介，除非先得知更多資訊。這麼一來，桑切斯更不肯放棄，還提供了一點甜頭給他：如果他可以幫忙介紹，史東男爵資本很樂意聘他為顧問。

曹·德·貝諾斯告訴《彭博商業周刊》，他通知大使館有人想要見面，但不建議他們同意會晤。

對千里馬而言，曹·德·貝諾斯在幾個層面上都能帶來幫助——有絕佳的藉口，讓艾德瑞安一探大使館內部，大使也不會因放他入內而遭怪罪，同時他們也能得知曹．德．貝諾斯究竟是個無害的怪胎，或者他真的能接觸到資深官員與情報。

隨著世界各地商人愈來愈注意到北韓，牽涉的利益日漸增加，這時曹．德．貝諾斯開始帶人去北韓參與會議。他的朝鮮友好協會在全世界超過一百個國家成立，引來愛唱反調的社會主義者、邊緣人，還有怪胎加入。典型的會議通常是在誓言支持北韓、討論北韓的意識形態，現場還招待少量的餅乾與咖啡。

北韓政府肯定他的熱忱，甚至為他取韓文名——朝鮮一，亦即「韓國是一個國家」。近年來，曹．德．貝諾斯還提到自己的一項豐功偉業：為北韓主持第一次加密貨幣會議。北韓會對另類貨幣型態有興趣，並不令人意外。這國家遭到嚴重制裁，被擋在全球經濟體系門外，因此會覺得使用加密貨幣和世界交易，可以另闢蹊徑，這想法很吸引人。為北韓政府效力的駭客幾年來用敲詐的手段逼迫別人交出加密貨幣，或透過入侵電腦的技巧竊取比特幣。

美國檢察官後來控告維吉爾．格里菲斯（Virgil Griffith）違反美國的制裁，他是加密貨幣設計人，也是加密貨幣會議的參加者之一。他起初設法抗辯，但後來在二〇二一年九月認罪，在本書寫作期間，正等待判決結果。二〇二一年四月，美國檢察官控告德．貝諾斯與格里菲斯及另一名加密貨幣專家共謀，協助北韓躲避制裁。

曹・德・貝諾斯也在他的故鄉塔拉哥納（Tarragona）開了間平壤咖啡館（Pyongyang Café），販售韓式料理、咖啡與啤酒，主要還是當作他最初的朝鮮友好協會總部。他大部分時間都待在這裡，偶爾穿上掛滿獎章、別著金色胸針的軍服，也對任何願意聽他說話的人否認北韓會處決人民，或有任何違反人權之舉。

二〇一八年，曹・德・貝諾斯在非軍事區接受訪談，表達他反對美國在南韓的部署，並誓言他會拿起武器，「把他們攆走。」不久之後，警察掃蕩他家，發現兩把手槍。這兩把槍只能發射橡膠子彈，只是仍需要許可證才能使用。在刑事案件結果出爐之前，他的護照也被沒收。

我們本來或許可這樣概括論定曹・德・貝諾斯——怪人、沒有品味，就這樣而已；但多虧一部不可思議的紀錄片：《鼴鼠：北韓臥底》（*The Mole: Undercover in North Korea*），我們才會注意到他。這部紀錄片系列於二〇二〇年發表，丹麥導演麥斯・布魯格（Mads Brügger）追蹤原本在哥本哈根郊區當廚師的烏里奇・拉爾森（Ulrich Larsen），而拉爾森在那裡滲透到曹・德・貝諾斯的朝鮮友好協會哥本哈根分會。

從紀錄片可以看到，在十年中，拉爾森完全滲透到這協會中，成為曹・德・貝諾斯的親密戰友——過程中他一直悄悄拍攝與錄音。久了之後，布魯格還引介了另一個虛構人物——潛在投資人詹姆斯先生（Mr. James），為了要看他們能在北韓滲透到何種程度。有一次，拉爾森和詹姆斯先生與北韓官員簽約，要生產毒品與武器。另一次，他們在烏干達見面，討論要買下一座島嶼，興建豪華飯店，將其當成祕密藥物與武器工廠的門面。

在整個過程中，曹·德·貝諾斯都是關鍵聯絡人，一直在吹噓他對北韓的權力與影響力。後來，在紀錄片播放了之後，他說自己是在「演戲」，而整部片都「充滿偏見、設計與操弄。」

在其中一集，拉爾森前往斯德哥爾摩的北韓大使館，他拿到一只信封，裡頭是烏干達武器工廠的規畫圖，而寄件者是一位署名「李先生」（Mr. Ri）的外交官。「要是出了什麼事，那大使館什麼都不知道。懂嗎？」李先生現身告訴拉爾森。

這樣的交易讓艾德瑞安對曹·德·貝諾斯更有興趣。他可以成為情報來源，或成為毫無戒心的誘餌，幫助千里馬民防接觸到更多歐洲甚至歐洲以外的官員。

前一任駐西班牙的北韓大使也是很容易陷入相同醜聞的人。他深受信賴，在歐洲擔任關鍵職位。美國與歐洲情報機構長久以來都相信，馬德里是北韓準犯罪外交集團重要的一環。

金赫哲（Kim Hyok-chol，也譯為金革哲）的外交職涯中，有很長一段時間是在衣索比亞與南蘇丹度過，後來他在二〇一三年十月前往馬德里，到西班牙的第一間北韓大使館任職。他也是喬治·布希六方會談中的資深成員。

他一直擔任此職位，直到二〇一七年九月三日，北韓在豐溪里核試場測試核武，西班牙政府才以不受歡迎人物的理由驅逐他出境。這次測試規模大得前所未見，還引發芮氏規模六·三的地震，比一九四五年落在廣島的原子彈還強至少六倍。

金赫哲遭到驅逐，卻更鞏固了他在家鄉的地位。二〇一九年二月，艾德瑞安到西班牙偵查時，北韓正準備和川普團隊在二月二十七到二十八日於河內舉辦第二次高峰會，那時金赫哲已是負責準備這次會議的最高官員。

美方與他對應的人物是史蒂芬·畢根（Stephen Biegun）——一位職業政治人物，曾一度在福特汽車任職；而在二〇一八年八月，川普派他擔任北韓政策的美國特別代表。身為俄羅斯專家的畢根曾在二〇〇八年的總統大選中擔任莎拉·裴琳（Sarah Palin）的顧問。

畢根在二〇一九年一月三十一日於史丹佛大學演講之時，曾發誓川普與金正恩的會談比以往有更高的成功率，因為「這兩位領袖都沒有受到傳統期待的拘束，這樣他們背後的團隊就不會嘗試和過去一樣的老方法，導致無法指望任何事，只能預期相同的失敗結果。」

在這場演說中，他描述美國「準備同時且平行地追求我們所有的承諾，也就是去年夏天兩位領袖在新加坡的聯合聲明中所提到的承諾。」

在波頓等鷹派人士看來，這種說法是警訊。波頓是川普的國安顧問，他認為美國國務院一頭熱，為達成一項交易，竟弱化美方立場。波頓後來在自傳中寫道，他當時馬上決定要用盡所有想得到的論點，設法說服川普別對他們和北韓之間的協議抱期待——那是海市蜃樓。

二月十二日，在白宮戰情室（White House Situation Room），美國國家安全會議的成員讓總統觀看一部片，裡頭是四位前總統因為和北韓達成很好的協議而歡呼。接下來，這部片描述北韓根本嚴重背離承諾，還有個片段是雷根總統說，在提出協議時，有時最好的策略就是堅守立場。

波頓的訊息很清楚：不要接受逐步的無核化。在他眼中，除非到了攸關生死的節骨眼，北韓永遠不會無核化。任何想要「行動換行動」（action for action）的做法，都會讓制裁北韓的策略弱化，同時讓北韓繼續保有核武。

二〇一八年秋天，艾德瑞安傳了一則Signal訊息給我，說他會經過倫敦。我們約好喝杯咖啡。那時，我已斷斷續續與他聯絡八年，但當下馬上感覺到這次互動有些不同。他向來會使用最好的加密應用程式，也小心確保這些訊息很快會自動刪除——速度之快，有時很難追蹤對話，因為幾秒後訊息就會消失。但這一次，他似乎對行動的安全措施更加偏執。

我們在派丁頓車站見面，旋即從後門出口離開，來到美居飯店（Mercure Hotel）。我們在飯店角落找了安靜的位子坐下。前幾次見面時，艾德瑞安首先給我的印象是商人，其次才是北韓行動人士。他會穿西裝打領帶，把頭髮仔細往後梳。他曾開玩笑說，連他自己的朋友都猜他是中情局的人。（每當有人說這樣的話，就可以確定說話者和中情局毫無瓜葛。）我依然無法判斷，究竟他是要做些有趣的事情，或是找到機會，要幹一場轟轟烈烈的大事。他似乎很有錢，雖然事後回顧，那只是從他的服裝及他在全世界旅行的頻率所下的判斷。

不過這次造訪時，艾德瑞安看起來截然不同。他的頭髮長了，紮成一個包頭，且留著邋遢的鬍子。他的穿著很隨便，帶著裝了一堆手機的大包包。他不時查看手機，喝咖啡時也一直發簡訊。他的行為舉止中洋溢著一股新的神氣——不光是自信，還握有不為人知的知識。他讓我看一眼一個資料夾，裡頭的資訊是北韓人利用在阿聯的公司搬運金錢與其他原料。但他才把東西推到桌子的另一頭，又馬上收回。我問，《華爾街日報》可否考慮就這個主題寫篇報導，他回答：「有時候觀察人比揭發他們好。」

身為記者，我覺得艾德瑞安尤其令人洩氣。他總是迷人有魅力，但打從在利比亞認識他以來，我們之間就算保持聯絡，從來卻沒有一次他能幫上我的報導一把。多數記者大概早就放棄這樣的消息人士。但我喜歡艾德瑞安，樂於與他見面。無論我正在努力做什麼事，他似乎總能提供一些相關資訊，例如他在亞洲有人脈，那人知道關於一馬公司醜聞（1MDB）[1]的劉特佐（Jho Low）的事，或者他有個在紐約的朋友可能對另一樁醜聞有一番洞見。

1 註：一馬公司是「一個馬來西亞發展有限公司」的簡稱，劉特佐靠著這家公司來洗錢與挪用公帑，許多人牽扯其中，也包括政治人物，而醜聞爆發也導致馬來西亞政權交替。詳見《鯨吞億萬》。

這向來是誘人的關係，甚至有些令人苦惱。但我心中的問題依舊是：這人做的事情真的有攸關世界那種等級的重要性嗎？或只是裝模作樣？

我後來才知道，自己瞥見的，只是冰山的渺小一角。

十四　偽綁架解析

若想精通某件事，唯一的辦法，就是願意為這件事犧牲。

——瑪雅．安傑洛（Maya Angelou），美國作家

馬德里

二〇一九年二月

從洛杉磯到馬德里的長途航班上，克里斯多夫．安的思緒全被在加州剛起步的新創事業占滿。

他不該答應來這裡的。那天是星期五，下週一還要和投資人開會。他本該好好休息，做點準備。從美國海軍陸戰隊退伍後，幾年來，他都在設法找出新的出路——就讀商學院、做低薪的行銷工作，以學習新行業的知識。現在，他終於有機會能擁有可獲利的事業。這間公司處於需小心經營卻令人期待的階段。靠著投資者的資本，克里斯多夫準備開始供應融合大

麻籽油的產品給咖啡館，讓店家應用到產品中。如果咖啡館顧客點的冰沙中含有這產品，價格可賣八到十美元。

克里斯多夫認為，收入增加有助於成家。他和妻子正準備生小孩——他的妻子是洛杉磯一位韓裔美籍教師，名叫葛瑞絲。在二〇一七年七月蜜月期間，他說服妻子飛到以前住過的一間旅店，當初他下榻在那裡時，曾搭飛機到台灣協助金韓松。

推動新創公司相當勞心勞力，克里斯多夫還得照料骨折的手腕。即使有護腕協助固定，但每次他提起行李箱時，斷裂處依舊陣陣發疼。朋友們想到他壯碩的身材，會以為他一定是在鍛鍊身體，或在進行房屋修繕的粗活時讓手腕骨折。其實，他是在浴室滑一跤。

一個月前，艾德瑞安初次詢問他要不要加入馬德里的祕密任務時，克里斯多夫曾試著捏造藉口推辭。他跟艾德瑞安說沒空，但幾個星期過去，好奇心日益旺盛的他最後答應加入。他會成為這一行十三人最後加入的成員。

克里斯多夫感覺到，這次行動比千里馬過去的冒險規模稍大了些，因為艾德瑞安不斷說服他加入。但是當然了，艾德瑞安每回對於團隊行動總是神祕兮兮，因此克里斯多夫並不知道集合地點、營救對象、有多少人參與，或屆時進行方式為何。克里斯多夫的心態依舊是「如果可透過小而積極的行動讓促進變革的動能多那麼一點，那就是美事一樁。」

艾德瑞安與山姆已差不多安排好協助馬德里的北韓高級外交官員徐燕石與家人逃離的事

宜，偏偏就在二〇一九年一月三日，北韓駐義大利大使趙成吉叛逃的消息在南韓走漏風聲，這得歸咎於口風不緊的情報來源把消息告訴當地報紙。報導強調，他們留在大使館的女兒很快被送回平壤，那時義大利官員甚至還沒發現趙成吉與妻子已離開這個國家。

義大利官員公開表達對這名女孩的憂心。不久之後，羅馬的北韓大使館寄了一封信給認識趙成吉的義大利國會議員拿玻里，說這次叛逃是因為趙成吉與妻子發生「家庭口角」，兩人為該如何照料女兒的身心症問題起爭執。在激烈爭吵之後，夫妻離開大使館，刻意把女兒留下。這封信還寫，女兒要求要回平壤與祖父母同住。

從這次經驗可清楚看出，他們勢必要營造一種表象——能降低脫北者家人被囚禁或殺害可能性的表象。千里馬團隊需要設法混淆北韓安全機構，讓他們無法確知或相信叛逃者的確已逃走。

若選擇投奔自由，可能導致家人有生命危險，因此脫北者往往面臨難以承受的罪惡感。藥物濫用、婚姻破裂、憂鬱症都是常見的後遺症。

如果能挽救某個人，且不招致這些後果，那會是巨大的成就。

克里斯多夫來到馬德里時才剛過早上八點，他一到就發現不同以往的事情正在醞釀中。另一位小組成員來機場接他，帶他前往一間從Airbnb找到的投宿點，其他人都聚集在那裡。

他很快沖個澡，有一名團隊成員在準備早餐。之後，艾德瑞安跨著大步走進來說明計畫。

「這是我們目前最大的一次行動。」他開始解釋，到那天晚上，他們得負責照料曾請求協助的北韓家庭。再過幾個小時，團隊就要採取行動。

對克里斯多夫來說，這一刻很像慈善廚房在感恩節早上的精神喊話：先是一番充滿理想色彩的崇高談話，之後就要進行很耗體力的志工服務。艾德瑞安強調，千里馬這個團體就是朝著這樣的任務發展推進，而這些任務會益發遠大，要為北韓帶來不同。

「謝謝你們參與。」他告訴集結在此的人。

克里斯多夫也和其他團隊成員說話（全是男性），並得知許多人已在城裡待了好幾天。在二月十日，四位南韓的千里馬成員已搭機到葡萄牙，再搭六個小時的計程車穿越國界，來到馬德里。這樣的手法能確保他們沒有留下入境西班牙的紀錄，因為有申根簽證的旅客可在歐洲自由往來，不必經過邊境管控。

在場的人有二十六歲的李禹然（Lee Woo-ran，音譯）、二十七歲的任昌秀（Lim Chang-su，音譯）、二十八歲的朴時英（Park Si-young，音譯）、二十八歲的金東賢（Kim Dong-hyun，音譯）與其他四人。這些人和克里斯多夫一樣，斷斷續續參與過千里馬民防的任務。他們在南韓都是專業人員，在因緣際會下認識艾德瑞安，認為他的理想很有意義，因而受到吸引加入這個團體。

這幾人當中，只有一個查爾斯・柳來自北韓，他二十七歲，全名是柳哲宇（Cheol-woo Ryu，音譯）。這幾名男子的髮型大同小異：長髮紮成小圓髻，蓄著滿臉大鬍子。這樣做有兩個目的：更難辨認出個人，同時也表示他們是**不同**的韓國人。北韓男子通常會理成短而整齊的髮型，禁止留長髮與蓄鬍。

山姆在十三日搭機抵達，在歐洲之星札瑞拉公園飯店預定了三間雙人房，會在這裡待到二月二十五日為止。這是一間安靜的商務飯店，環境宛如一座花園。他也在附近租下 Airbnb 的房子供大家碰面。這間飯店位於馬德里的西北郊區，對於隨時備妥汽車可以上路的小團隊來說是完美的行動基地。

艾德瑞安是千里馬團隊中最可能在公開場合被認出來的人，行蹤更容易引起情報人員懷疑，因此他和團體成員完全分開行動，住在卡爾登飯店（Hotel Carlton），好確保團隊中其他成員身分的匿名性。後來，他又搬到馬德里市中心的埃塔娜飯店（Hotel Aitana）。

這兩間飯店都屬於萬豪酒店集團。這些年來，艾德瑞安有個怪癖，旅行時堅持只住在萬豪與旗下飯店——他住了這麼多夜，早就晉升為高階會員，能享受許多優惠方案，例如較晚退房，而且要入住世界各地集團旗下的飯店，即使臨時訂房也保證有房間。

他們訂的 Airbnb 地點只要往北開八分鐘——那邊其實是讓徐燕石與妻兒藏身之處，他們會先在此避避風頭，之後才離開西班牙。這裡位於純住宅區，後方是一條靜僻巷子，很平凡無奇，隱密又寬敞。這間房子有三層樓，另外也有車庫、花園。

艾德瑞安在向Airbnb集合的男子說話，解釋這次任務的關鍵要素，這是克里斯多夫之前從沒在組織行動中聽過的。千里馬過去曾幫脫北者假裝發生意外，以免親戚遭到報復，但這一次，他們要變更複雜的把戲，以混淆北韓的監視者。他們要假裝自己是「綁匪」。

艾德瑞安把賭注提高了。這項計畫有較危險的一面，那引發了克里斯多夫的焦慮，幸而在艾德瑞安進一步說明後，焦慮感也得到緩和。艾德瑞安解釋，這次行動經過幾個月的規畫，而在來到這裡之前，團隊成員已進行幾個星期的細節演練。他們連如何在建築物中移動都練習過；這很重要，因為除了克里斯多夫之外，他們沒有多少人接觸過軍事訓練。

雖然艾德瑞安的信心安撫了克里斯多夫，但看到行動用具時，他又感到不安。

幾天前，團隊成員前往喜悅五金行（Ferretería Delicias）準備裝備：剪刀、破壞剪、三十三卷布膠帶、鉗子、十把撬棍，還有折疊梯。這把梯子很輕，容易搬移，萬一需要在大使館爬牆的話，這就是備案。

「很奇怪喔，他們買的都是需要闖進某個地方會用的東西，但是他們看起來外表稱頭，並不可疑。」店家之後這樣告訴《衛報》的記者。

艾德瑞安和山姆分別前往修奇軍警用品店（Tienda Shoke），買了巴拉克拉瓦帽、五個快拔槍套、四把格鬥刀、六把會發射無害子彈的軟氣槍、四副射擊護目鏡、五把戰術燈、幾瓶防身噴霧，五組手銬。仿造手槍非常逼真，通常會在西班牙電影和電視節目中出現。帳單總共是八百三十三・一五歐元。

他們也買了糖果和玩具，準備送給徐燕石的兒子。

山姆扮演技術魔法師的角色，帶來GoPro運動相機，讓千里馬的行動人員佩戴，以錄下證據，證明這次行動是精心策畫的詭計，而不是真正的綁架。這種想法和克里斯多夫在台北機場錄下金韓松畫面的道理一樣，是要證明千里馬幫助了他。

艾德瑞安解釋，這些武器純屬表演用途。他們甚至不必精確演出，只要看起來夠好就行，他們要藉此讓徐燕石進入房間，完成最後的安排。團隊成員之後會切斷保全攝影機，如果可能的話，也會取得錄影畫面的實體紀錄。雖然他們已進行些許偵查，卻無法弄清使館內還有多少攝影機，又或者畫面會傳送到哪裡。只怕北韓情報系統設有觀察機制，能從遙遠之處即時觀看大使館，這件事著實令人擔憂。

既已考慮到這種可能性，那無論大使館的保全鏡頭錄到什麼，都需要盡量讓畫面看起來像真正的綁架事件，而職員目擊到的情境，也一定要宛如上司遭到綁架。否則，徐燕石夫婦的整個家族可能就得在古拉格度過餘生。

艾德瑞安在給予大家指導的過程中，也向克里斯多夫說明他的角色：一如他在其他行動中扮演的角色，克里斯多夫要讓每個人保持專注，在這腎上腺素狂飆的四十五分鐘內好好執行任務。重點是，要快進快出。

「你是唯一有類似經驗的人，」艾德瑞安告訴他，克里斯多夫回憶道，「你在那邊要負責監視，讓一切平靜有序。」

他們也為可能出現的偶發狀況盤算好了，這是徐燕石和艾德瑞安討論時提出的情境：如果整個大使館都同意一起脫北，那麼千里馬就不會逃跑，而是選擇停留更久一點，他們會加強維安，最後宣布大使館成為艾德瑞安發起的反抗運動總部——自由朝鮮臨時國。

為可能接管大使館預做準備，野心可說相當驚人。數十年來，關於北韓的種種議論與政策提議，從來沒有可比擬這次行動的前例。此舉過於危險，而與出岔子的機率相比，成功機率又十分微渺。然而從艾德瑞安與團隊的對話聽來，成功不光是很重要，而且還是有可能的。

這麼大膽的構想是靠著個人魅力與自信所驅動，這種救世主式的「打破規矩」之舉，在現代社會中某些領域很常見，甚至會受到讚揚，矽谷即為一例；在這些地方，愚蠢的事業計畫也能吸引到幾百萬元的創投資金。但是在馬德里，打破規矩的賭注更高，可不是揮霍投資資本那麼簡單。只是在那一刻，似乎沒有人明白這一點。

在準備動手時，克里斯多夫思考自己在這趟旅程還能扮演哪些角色。他絞盡腦汁，思索那些他們要營救的北韓人內心在想些什麼；他能做哪些事來歡迎他們，並在緊接而來的後續發展中，讚揚他們做出脫北的重大決定。

他的想法：辦一場大型烤肉會。「我想讚揚那些做出勇敢決定的人，」他後來說，「對我來說，那是大事一樁。我們需要有大動作，努力讓他們知道自己被愛、可以得到照料。最不該的，就是讓他們感到孤單。」

在行動開始前的幾小時，克里斯多夫想著之後要在Airbnb用後院的烤肉架烤魚，並寫下一些點子。團隊在打包看似嚇人的裝備時，他開始寫下食物採買清單。

下午四點三十八分，艾德瑞安、克里斯多夫、山姆與其他幾個千里馬成員朝北韓大使館大門走去，其他人則在附近的車上，等他們溜出敵營陣地。

使館大門距離街上的公車站牌不遠，有幾個人好奇看著在此集合的男子。克里斯多夫全身穿著黑衣，戴著墨鏡，看起來若無其事；後來，西班牙調查人員形容他看起來很「目中無人」。其他千里馬成員蹲在牆邊，他認為這樣太顯眼，可能導致有人打電話報警。

其他人在等待的時候，穿著黑色西裝、打著白點領帶的艾德瑞安按下門鈴，告訴管理員他和商務專員徐燕石有約。管理員金崔以為是史東男爵資本的馬修．趙回來了，就讓他進門。艾德瑞安就在門邊等候。

金崔走進主建築找徐燕石，艾德瑞安趁機把大門略開，讓其他團隊成員進入。如果有人即時觀看監視攝影機，就會看到似乎有幾個人突襲大使館的畫面。

千里馬成員進入大使館，戴巴拉克拉瓦帽的人出現了。他們迅速把大使館人員驅趕成一堆，讓他們待在一間辦公室，並在他們手上綁塑膠束帶，頭上套著袋子。

「趴下！」克里斯多夫以英文脫口而出，之後才切換成韓文。

北韓大使館的員工就和千里馬的行動者一樣，多半是二、三十歲的人，他們沒有抵抗，馬上蜷起身子。行動者速度很快，而大使館的人員又飽受驚嚇，因此行動相當有效率。艾德瑞安如願以償，只花了短短幾分鐘就制伏員工。

艾德瑞安與山姆先把徐燕石帶到廁所，而其他團隊成員（包括克里斯多夫）則去巡視每個房間，確保已經找出每個人，並予以束縛。他們找到徐燕石的妻兒，母子倆一看到戴黑色頭套的人闖入時，嚇得無法動彈。一名千里馬成員跟她待在一起，平靜地說沒有人會受傷。

手機的對講機系統Zello傳來訊息，說這棟建築物已「清空、安全」。艾德瑞安轉身告訴這些人，以英文說：「轉換、轉換。」

所有跡象顯示，計畫的第一階段已順利執行——一切安全，大使館內部沒有明顯可見的攝影機——這時艾德瑞安以先前講好的句子，說明大家可以放鬆舉止，這樣他們便能從神祕的入侵者搖身一變為冷靜的救援者。這時該喘口氣，把焦點放在結束行動，離開此地。

克里斯多夫以韓文跟這些被拘留的人說話，嘗試以較柔和的語調告訴他們：「請保持耐心」與「很抱歉發生這樣情況」，同時他也說明，沒有人會受傷。他們在大約半小時後解開使館人員的束縛，移除手銬。「很快就會結束。」他告訴他們。

艾德瑞安和山姆跟著徐燕石進入地下室，討論脫北的細節，也談到說服其他大使館成員加入他們一家人行列的可能性。（我後來看了一部分地下室拍的影片，發現這位準脫北者臉上掛著笑容，神情放鬆。）

這三人在地下室討論下一步時，克里斯多夫開始和團隊其他成員四處探看這棟建築物。這裡異常空曠——從外面看，好像是個鉅富的美麗豪宅，但裡頭卻幾乎沒有裝飾，家具也很寒酸。就連冰箱也幾乎是空的，克里斯多夫記得這項鮮明細節，並為此感到特別沮喪。就某方面來看，這和北韓非軍事區的「波坦金村莊」相去不遠。

唯一稍有特色的房間是宣傳間，裡頭盡是金正恩的照片及政權的教條口號。大使館員工必須每天研讀北韓政治文獻，還要不時參加由徐燕石帶領、關於國家歷史的特別討論會。一小群住在馬德里的北韓學生也必須參與大使館的部分活動。這裡距離平壤很遠，因此更需要確保他們毫無懸念，會服從國家及「偉大繼承者」金正恩。

兩名千里馬的行動者在搜索建築物時，找到大使館裡的另一個目標——情報中心。這裡鋪著鋁箔，以防竊聽與電子監控。他們把所有東西收進背包，拿走一套他們認為和使館外監視攝影機相連的設備。後來發現，他們忽略了另一套錄影的電腦系統。

在進入大使館建築後的一個小時，這些任務業已完成，接下來的行動熱度與速度很快放緩。當時團隊成員以為，再過幾分鐘，他們就會和徐燕石一家人走出大使館，或者陣容會更浩大——與其他職員一起走出去。

艾德瑞安和其他成員沒發現任何問題，以為任務即將結束。看來這次任務大獲全勝。鬆了口氣的山姆拿出攝影機開始錄影。

十五　偉大繼承者萬歲

離開北韓和離開其他國家不一樣。那比較像是離開另一個宇宙。但無論離得多遠，我永遠無法真正擺脱它的引力。

——李晛瑞（Hyenseo Lee），脫北者

馬德里
二〇一九年二月

柳哲宇就是大家口中稱呼的查爾斯，他是突襲馬德里北韓大使館的千里馬團隊中唯一來自北韓的成員。更精確地說，其他人在大使館內時，他和另外兩人負責在街道上的車內等著接應。查爾斯溫柔敦厚，很少讓剛認識的人知道他在北韓的童年經歷有多令人心碎。

他還是幼兒時，父親欠下大筆債務，並決定拋下妻子與查爾斯。持有中國護照的他因此得以離開北韓，住在距離中韓邊界不遠的村莊。查爾斯與母親靠著外婆的接濟，勉強度日。

他母親有兩年去了其他城市，設法多賺點錢。但有一天她回來了，狀態非常糟糕，看起來就快餓死，幾乎失去溝通能力。查爾斯的外婆利用僅存的一點錢，把女兒送進醫院住了幾個月。母親的情況一度好轉，但有一天卻癱倒在地。查爾斯輟學後鎮日照顧母親，但她每況愈下，最終離世，也成了北韓饑荒的受難者。

查爾斯的外婆年老體衰，無力照顧外孫，只得把他送去與阿姨同住。他寫信給在中國的父親，希望能得到幫助，卻沒得到回應。但這時故事中出現了較殘忍的轉折：查爾斯的阿姨偽造一封來自查爾斯父親的信，聲稱要她到中國。這封信讓查爾斯的阿姨獲得北韓政府的簽證。之後，她寄信威脅查爾斯的父親，說除非他寄錢來，讓她離開北韓，否則就殺了查爾斯或把他送到孤兒院。但是這招還是沒用。

從阿姨家搬離之後，查爾斯一年的泰半時間就流落街頭，和其他無家可歸的孩子搶起那一丁半點的食物，並在熱水鍋爐旁睡覺，以度過寒冬。終於，他在十四歲時得到兩個同父異母的哥哥協助，逃往中國。他們給了查爾斯一些錢去賄賂邊界巡警，他就以洗滌為藉口，來到中韓邊界的鴨綠江。他涉水到河裡，並游到對岸去尋找父親。父親已事先收到提醒，得知查爾斯逃跑了。父親帶著他踏上十二小時的旅程，來到中國家裡——父子終於團圓，令人動容。

查爾斯在菜市場第一次見到香蕉，連皮都沒剝就咬下一口。在此之前，他只在卡通裡見過香蕉。查爾斯在中國過得不錯，父子倆彌補了過去錯失的時間——從某方面來看，他再度學起怎麼當個孩子——他沉浸在大啖美食的經驗，也在當地遊樂場玩遊戲。但有一天，一名中國鄰居向政府舉報了查爾斯。

二〇〇九年一月，警方來到他父親家逮捕查爾斯；由於缺乏親子關係的紀錄，因此警方不接受兩人有父子關係。時年十五歲的查爾斯被迫返回北韓。一起被遣返的女子咬斷自己手上的血管，寧願自我了斷，也不想面對北韓囚營。

查爾斯在北韓被訊問三個星期之後，再被送到新義州市（Sinuiju）附近的再教育營。他一天工作十六小時，在工地與農地做苦工，一天只有一百五十顆玉米粒可吃。查爾斯在絕望、飢餓之下，有天還撿起別人嘔吐到地上的米來充飢。到了夜晚，守衛會要查爾斯與其他拘留者喊宣傳口號，永無止境地重複囚營中數不清的規則，藉此操練他們。

過了九個月，查爾斯身體耗弱，甚至無法舉起手臂。在勞改營領導者眼中，他已沒有用處，於是乾脆把他放出去。

他在煤礦區工作一年，工人多半和他一樣是青少年，負責拖拉龐大的設備，並徒手鑿煤。這些工人一個月會得到三十公斤的米當作薪資，且供食宿。這份工作非常危險：礦坑隧道曾坍塌過，運煤車也可能翻覆，導致工人殘廢甚至喪命。

對查爾斯來說，礦坑不比勞改營好到哪裡去，於是有一天他決定逃跑，心裡也不太在乎後果。不過，守衛似乎也懶得追他。查爾斯再度無家可歸，就在北韓的北邊鄉村與城鎮遊蕩，尋找些許食物。

有一天，查爾斯在山頂休息時，觀察到一列火車駛進附近的車站。他心想或許可以偷點食物，就閒晃到月台。他得知這台列車要開往惠山市，亦即接近中國邊境的工業城市與交通樞紐。查爾斯溜上這班列車。

他成功溜上去，但還是在半路被發現遭逮捕。他被關在列車上的一間房間，但成功跳出車窗。他躲躲藏藏幾天後又跳上另一班列車。他回到邊界上的鴨綠江。

有天夜裡，他悄悄走近河邊，在冰冷的河水中跋涉。他在半途滑一跤，發出叫聲，這下子泛光燈突然照亮他周圍的水域。北韓邊境守衛大喊，要他停下來，否則就會開槍。查爾斯使出全力游泳到中國，毫髮無傷在夜色中溜走。

不過，一個北韓人在中國閒晃非常危險。查爾斯身無分文且飢腸轆轆，他茫茫然走了三天，雙腳淌血，不知該前往何方。後來他告訴美國 Podcast 主持人喬丹・哈賓格（Jordan Harbinger），當時他所擁有的就只是「自由之夢」。

十六歲的查爾斯在路上休息，瀕臨崩潰之際，也祈禱有人能伸出援手。終於，有個騎摩托車的中國人停下車，問他是不是來自北韓。「對。」查爾斯告訴他。這人要他上車，並載他好長一段路，也給他食物、衣服與藥品。隔天，這個中國男子把他介紹給南韓傳教士，而傳教士給他一筆錢，讓他去找父親。

有幾個月，查爾斯都待在父親家的屋裡，不敢在城裡到處晃，以免遭逮捕。最後，父親決定要讓查爾斯離開中國，否則會有再度被送回北韓的風險。查爾斯找到一名中介者，幫他從中國另一邊的泰國逃到南韓。在經過緊張的漫長巴士旅程之後，這位中介者幫助一群北韓人走在搖搖晃晃的獨木橋上，穿過湄公河。

後來，泰國警方逮捕查爾斯，但他已達成目標，因為他相信自己會自由。泰國承認北韓人的難民地位，即使他們非法進入泰國，但仍允許他們前往南韓。就連在泰國監獄，伙食也大大超越了他長這麼大以來所吃過的任何餐食。查爾斯說，他在泰國被逮捕的那天，是此生最美好的一天。

泰國當局威脅要把他送回中國，因為他父親是中國人。他壓力大到想自殺，絕食了整整一週。所幸他遇到一個人幫他向聯合國申請國際難民的身分，而查爾斯馬上獲得面談機會。幾天後，美國同意接受他為難民，讓他前往洛杉磯。這下子，他的人生即將改變。

二〇一二年，查爾斯總算來到美國，在美國定居下來。他可以讀完高中，並與來自泰國的朋友相聚。他在教會得到第二個名字——查爾斯，因為那和他的韓文名字「哲宇」聽起來比較像。他在美國的新生活有好多好多漢堡和賽百味三明治可吃，他幾乎什麼食材都不放過。他的兼職工作是洗碗工，看到有這麼大量的食物被丟棄，實在難以置信。後來，他一邊在電腦程式訓練營受訓，一邊開Uber，還以流暢的英文向乘客重述他逃亡的故事。乘客到達目的地之後經常不肯下車，想聽他講完。

有一度，自由北韓雇用查爾斯，在長灘辦公室擔任資訊科技實習生，他就是在這裡首度與艾德瑞安通電郵。查爾斯像海綿般吸收美國文化，開始脫胎換骨。他會看電視，與韓裔美國人一起消磨時光，很快讓自己改頭換面，他散發「南加州兄弟」的自信風采，言語中還不時加上「老兄」(dude)，展現出對美國流行文化與電影的熱愛；在此同時，他也會花時間告訴大家恐怖的脫北故事，把聽眾嚇得大驚失色。

查爾斯在Instagram帳號@freshprinceofpyongyang上，寫著淘氣的自我介紹：「在北韓西部出生長大，剛到美國輕鬆一下。有一天，我會回隱士王國，讓同胞自由。」雖然身在富饒之地，離北韓好遠好遠，但查爾斯從來不對北韓冷漠以待。他也經常出聲發言，告訴大家如果團結起來，就可以對抗政府。這種未曾消褪的理想主義，讓他成為容易網羅的對象。

查爾斯後來告訴作家金淑姬，他原本從未當面見過艾德瑞安，一直要到他飛到馬德里執行千里馬任務，準備對北韓的金氏政權基礎使出一擊，才見到他本人。任務細節都是靠Signal通訊軟體傳達，查爾斯對整體計畫沒有全盤了解，只知道一行人會以精心擘畫好的方式，造訪位於西班牙的「北韓領土」，打破無敵政權的形象。

「這可是榮耀，」查爾斯解釋，「對我來說，這是很貼近個人的事，是我和艾德瑞安在一起時所感受到的兄弟情誼。」

大約在路邊的車上等了半小時之後，查爾斯和其他千里馬成員接到艾德瑞安的電話，說查爾斯該進來了。他隨興走向大使館，敲了敲門。

在門內的山姆拿著攝影機等待，拍下查爾斯進入大使館的畫面——換言之，這是他幾年前脫北之後，首度進入「北韓」。這時剛過下午五點十七分，行動大約已進行四十分鐘。

山姆請查爾斯穿過大門數次，讓他拍幾個鏡頭，以確保畫面沒問題。在尚未編輯過的初始版本中，查爾斯穿過大門時雙眼噙著淚水，身上穿著黑色的拉鍊外套。（這群人後來把這畫面放在《回到家鄉》〔*Returning to My Homeland*〕的視訊短片中。）

在另一部後來釋出的短片《家鄉近況》（*Recently in Our Homeland*）中，可見到另一個人正在砸毀金正日與金日成的照片。在影片最後有兩條訊息：「打倒金氏家族統治！」與「為我們的人民站起來！自由朝鮮萬歲！」

北韓人被灌輸的信念，是把領袖當成所向披靡的神祇來信仰。而千里馬在那個當下的想法：之後要釋出這畫面當作反政權的宣傳品，不必提是在哪裡拍攝；這樣一來，就能營造出發生地點是在北韓，而非另一個國家裡的「北韓領土」的感覺。

回到大使館，山姆在拍攝另一個安排好的場景時，克里斯多夫煩躁了起來。他覺得他們好像才剛到這裡，又覺得好像已經待上好幾個小時了，這怪異的感覺是這項行動給人的緊繃感與壓力造成的。到了此刻，他幾乎是在房間裡打轉，而北韓大使館人員都被綁起來，手上的束縛偶爾會被鬆開。

艾德瑞安還在樓下與徐燕石在一起等著，偶爾上來查看一下情況。每回艾德瑞安出現時，態度看起來都相當嚴肅，但也自信樂觀。「都很順利。」他有一次上樓時這樣說道。在離開現場之前，徐燕石想了解詳細內容。他要上哪裡取得庇護？他們離開大使館之後安不安全？他們當晚要住在哪裡？千里馬會提供其他外交人員什麼？這項行動安全嗎？

在樓上，徐燕石的妻子張玉京（Jang Ok-gyong，音譯）看起來可沒那麼鎮定。他是否曾告訴她關於脫北計畫的任何事，這一點不得而知。她後來告訴警方，自己一直坐在房間和小孩看電視，突然聽到走廊傳來巨響，原來是千里馬那群人闖進建築。

她告訴調查人員，當她窺探外面情況時，觀察到大使館職員行動受到限制，而且還「挨揍」。（所有大使館的職員後來都說自己被千里馬那群人揍，但我看的畫面卻沒有任何暴力跡象。千里馬成員已否認毆打人質或使用暴力。後來他們辯稱，北韓人沒有其他選擇，只能說自己遭到暴力攻擊，才能免於遭到北韓嚴懲。我從一位密切追蹤此事的西班牙記者那裡聽來一種推測：北韓男性人質彼此互毆，或許是平壤的上級要求，這樣才能製造出他們遭到攻擊的假證據。）

張玉京在臥室看到駭人的鬥毆畫面，很快就把門關起來上鎖。幾分鐘後，巨大的敲門聲傳來，一個操韓文的聲音命令她開門，說她不會有事。她望出窗外，設法喊她先生，但那時一名千里馬成員已破壞門鎖，把門打開。

有個人高馬大、長髮紮了小圓髻、穿著西裝的男子進入房間。是艾德瑞安，他告訴張玉京別害怕，他是來幫助她家人的。艾德瑞安跟她說，他之前得知她兒子大約十一、二歲，但實際看起來才七、八歲。另一名千里馬成員進入房間，艾德瑞安便離開了。這人告訴她，他們這次的行動是為了要幫助她，但對他們來說這項任務相當危險，得承擔高風險。

張玉京告訴警方，她曾一度想尋短，甚至想趁上廁所割腕；她很擔心這些人會對大使館的俘虜做出什麼可怕的事。

後來，有第三個人進入房間，這讓第二位千里馬成員鬆了口氣。從那人的頭型與聲音的音調判斷，張玉京認為他可能出生在北韓，後來才搬到南韓。千里馬成員帶了一包東西給她兒子，裡頭有玩具和糖果餅乾，但是看到母親這麼飽受驚嚇，男孩一動也不敢動。

克里斯多夫這時認為，行動差不多該結束了。團隊精神抖擻，準備離開大使館。克里斯多夫的腦海閃過烤肉的念頭。

之後，下午五點五十分，使館大門口的門鈴突然響起，千里馬的成員感到一陣刺骨寒意。

是訪客嗎？

一名團隊成員透過Zello和艾德瑞安以對講機對話，這個傳訊應用程式是利用網路連接，把手機變成對講機。「有人在前門。」這人向團隊的領導者解釋。

「警方來了。」克里斯多夫附和道。艾德瑞安相當震驚，他從地下室出來，和其他人一起站在電視監視器旁，觀看朝著建築物前面拍攝的監視攝影機送來的畫面。畫面中可以清楚看見有三名男子，其中一人戴著墨鏡，而他們的制服上以西班牙文寫著「警察」（Policía）。

艾德瑞安向來行動快速，他說他去應門，由他來處理。克里斯多夫撫撫艾德瑞安的外套，給他一片口香糖。之後艾德瑞安別上之前帶進使館的「親愛的領袖」別針。這枚別針清晰可見。他穿過院子，走向前門。

千里馬從突襲大使館的一開始，就是靠著速度之快與出其不意，快速把館內的每個人拘留在此。他們的目標是完成「快進快出」的行動。整個大使館一起叛逃的可能性確實存在，只是渺茫，也會讓整個計畫朝向另一種新路徑發展，但那屬於比較遙遠的B計畫。

只是入侵者不知道的是，他們算錯使館內的人員總數。他們突襲建築物時，徐燕石的副手之一有位五十六歲的妻子，名叫曹善熙。她聽見一陣騷動，後來還說那就像「大家打得你死我活」，地上發出碰撞巨響。

她告訴西班牙警方，她聽得出對方是南韓人，雖然她聲稱在那之前自己從未聽過南韓腔。她感覺到一股徹頭徹尾的恐慌流竄全身，於是決定不惜一切，趕緊逃命。她腦筋動得飛快，於是把房門鎖起來，抓起手機想打電話給先生或其他在大使館工作的人，但無人接聽。

她一直以為發生了生死鬥，因此內心相當恐慌，還以為自己是唯一的生還者。她相信得靠自己逃跑。她認為，從房間外的陽台跳到沙土地上，會比跳到混凝土地上好。她雙手攀牆，設法用腳把身體推離建築物，卻因此失去平衡，頭撞上了磁磚的角落。她一摸頭，發現自己血流如注，腳也了受傷。

她沒有往前門走去，而是一拐一拐走向使館區西北緣的板網球場，旁邊有一條不那麼顯眼的出口。她傷口發疼，內心恐慌，就這樣跪爬到路上。一名開車經過的駕駛赫然發現渾身是血的女子在街上，趕緊急轉彎，差點撞到人行道邊緣。這輛車一停，她就爬到後座。

這位在附近工作的駕駛載她到同一條路上，僅僅一百五十公尺之遙的診所。兩名員工出來，馬上處理她的傷勢，同時設法安撫她。他們不停問究竟出了什麼事，也問她是中國或菲律賓來的。曹善熙回答：「沒事。」並說了幾個法文字。

曹善熙後來告訴警方，她不想告訴任何人她來自北韓，害怕別人會上門索命，而幫助她的人恐怕也會把她帶回大使館。因此，別人問他是不是中國人，她點點頭。

後來，穿著制服的西班牙警方抵達，她也更鎮定了些。曹善熙拿到一支電話，就撥到中國大使館，並以中文打招呼，但員工發現，她其實不是中國人。「你來自韓國嗎？」他們問。他們想撥電話給南韓大使館，曹善熙嚷著：「不！」

後來，她終於承認自己來自北韓。診所的一位醫生用手機上的即時翻譯軟體辨識她的話語。判讀結果斷斷續續出現，但訊息相當嚇人：來自南韓的攻擊者突襲大使館，殺了裡頭的人。她一邊哽咽一邊發出警告，說他們在「吃小孩」。

警方把曹善熙留給醫生照顧，醫生縫合了她的頭部傷勢，也把腳固定好。警方將他們聽到的話以無線電告知上司；他們不確定與大使館交涉的外交禮儀。上司要他們到大使館一趟，設法判斷裡面是不是有問題。他們沒有辦法證明那裡是刑事案件現場，因此無法衝進去逮人。

艾德瑞安別著「親愛的領袖」別針，來到大使館前門，試著擺出北韓黨政官僚的高傲姿態，克里斯多夫和其他團隊成員則緊張盯著成排電視螢幕。克里斯多夫看監視畫面時，感覺到脈搏怦怦跳。**這顯然不在計畫中。**

艾德瑞安一開門，西班牙警察立刻自我介紹，說他們和一位自稱住在大使館內的女子談過，她說使館遭到攻擊。艾德瑞安馬上以西班牙語回答沒這回事，如果想要進一步傳達事情給大使館，則得透過適當的外交管道。

克里斯多夫和其他人聽不到他說話，但認為他的舉止很有北韓官員的樣子。他雙臂交叉、抿著嘴唇，看起來像因為被打擾而不高興。

兩位警官被整件事情搞得一頭霧水，謝過他之後就回車上。艾德瑞安回到室內，千里馬的成員讚嘆他的表現。「你搞定了。」克里斯多夫告訴他。熟悉好萊塢表演圈的山姆也點頭稱是。就他們所知，警察已離開現場，回到車上。

不過，艾德瑞安的西班牙語有點退步，不那麼理解警官說的某件事到底是什麼意思。他們談到一名女子。那人到底是誰？

團隊成員心裡快速盤算各種可能性，並說出想法。或許是哪個和使館有約的人？或是看到他們衝進來的路人？克里斯多夫更早之前看見一名女子在公車站牌狐疑地望著他們，那邊可清楚看到一群像韓國人的男子在待命。會是她嗎？

艾德瑞安到樓下找徐燕石，要他說清楚總共有多少人住在大使館。「七人。」徐燕石說。艾德瑞安一算，千里馬只掌控了**六**人。那個失蹤的女子是第七位居民。艾德瑞安把這個差異解釋給徐燕石聽的時候，氣氛不變。他臉上閃過恐懼的神情。

徐燕石能不能打電話給那女子，說服她回來？「不行、不行。」徐燕石告訴艾德瑞安，他的臉一陣慘白。他們怎麼會錯過她呢？徐燕石陷入絕望。他告訴艾德瑞安，北韓政府可能隨時會發現，並派殺手過來。他解釋，在西班牙的北韓人比大使館內的北韓官員還多，其中有些人是來自北韓情報機構——令他們聞之色變的偵察總局。艾德瑞安設法安慰他，說明情況還在掌控之中；他們只需要盡早離開就行。

他開始放下心之後，大使館的電話鈴響了。一響再響，響個不停。

這空盪盪的房間鋪著磁磚地板，沒有多少家具，電話鈴聲響亮得簡直超乎想像。電話鈴聲好像一次響十分鐘，每幾秒就搏動個幾次，鈴聲在整間房子迴盪。是西班牙警方或平壤來電嗎？

每一次鈴響，徐燕石似乎就更下定決心，不再脫逃。

艾德瑞安這下子聽起來說話說得更急切，他又和徐燕石重新談了一次計畫，並告訴他千里馬在其他叛逃過程的處理情況。最難的部分就是一開始，彷彿一切千鈞一髮，但很快就會覺得安全多了。每回徐燕石就快同意時，信心又會崩壞，迫使團隊得開始重建信心，就這樣來回好幾個小時。

一名千里馬成員觀察著地下室的艾德瑞安與徐燕石。終於，艾德瑞安帶著失望的表情上樓。「他完全改變立場。」他向其他人報告。徐燕石確信大使館還有其他攝影機，即使這些人確信沒有。就算距離平壤數千哩，徐燕石還是沒能擺脫北韓體制內滲透到人民一舉一動的恐慌。這份恐慌是刻意灌輸的，比任何安全警報都更管用。

千里馬成員放著電話鈴聲響了又響。無論對方是誰，就是不肯放棄。實在是折騰人。

終於，大約在晚上八點十五分，艾德瑞安帶著壞消息，從地下室上樓。那名女性逃脫者的消息與幾個小時的電話鈴響，讓徐燕石深感不安，他相信北韓當局很快就會來了。

「你沒辦法保住我的安全，艾德瑞安，」徐燕石告訴他，「你得離開，馬上就走。」

徐燕石要艾德瑞安去開大使館的汽車，他會收拾殘局。他會說服大使館人員，攻擊者受到警方驚嚇，所以跑了，之後一切都會回歸正常。北韓會知道出事了，但不會懷疑職員做錯什麼。

外頭現在已經天黑，每個人都知道，眼前是無盡的可怕黑夜。

十六　哪個人打電話給聯邦調查局吧！

歷史始於鬧劇，終於悲劇。

——李斯特．席格（Lester Siegel），電影《亞果出任務》（*Argo*）的虛構人物

馬德里
二〇一九年二月二十二日

在馬德里的北韓大使館，艾德瑞安從頂樓窗戶向外窺探，似乎有三輛警車停在街上。為了測試對方的反應，他請幾名團隊成員同時跟Uber叫車，等車子來了再趕快取消。這情況固然讓Uber司機疑惑，但確實也讓坐在巡邏車中的西班牙警察一頭霧水。他們接到的命令是要觀察有無任何可疑行為，一路觀察下去，這樣曹善熙說的事情才能得到適當調查；這時的她尚在接受治療。

此時，使館內的士氣急遽下滑。外頭有警察看守，裡頭的電話響個不停，五、六個北韓

官員仍被綁著，千里馬團隊已開始冒汗。計畫A與B已不在考慮範圍，他們得進行計畫C：安全逃離，並至少蒐集一些情報。由於在西班牙可能有碰見臥底北韓特務的風險，他們知道自己得離開，且動作要快。幾個小時下來，大使館的職員都沒接手機或電話，因此北韓方面一定知道大使館出了岔子。

除了徐燕石之外，人質的頭上仍套著袋子待在樓下。這時艾德瑞安把千里馬團隊叫來一間房間，這裡只有他們，並開始談論接下來該怎麼做。他們決定進行C計畫，於是千里馬成員到處搜辦公室，尋找有用的文件與檔案。他們拿走兩個隨身碟、兩部筆電、一支手機和兩個硬碟。他們以為，大使館的監視攝影機就只和其中一個硬碟相連。

艾德瑞安打電話給使館外已回飯店的團隊成員，要他們趕緊把所有東西收拾好，快速撤退。任務已結束，大家要準備如閃電般快速展開跨境之旅，幾個小時就要抵達葡萄牙。他們多半是這樣來到馬德里，以免留下入境西班牙的紙本紀錄，離開時也要比照辦理。

艾德瑞安在協調後勤事宜之時，克里斯多夫扮演讓大家保持鎮定的角色就更顯重要。在他眼中，這不是犯罪場景，而是救援失敗的情境，他不希望警方或其他任何人之後起疑。對他來說，清理現場就等於承認他們不該來到這裡。因此，他們沒有把所有帶來的行頭——手銬、氣槍、剪刀、防身噴霧劑——全部帶走。他告訴團隊，所有東西就留在原地。他認為，**我們什麼事都沒做錯，別表現得一副有罪惡感的樣子**。他也不想在有綁架工具的車上被逮。

說來諷刺，這個決定後來會讓他們的處境更形艱困。

千里馬的成員一決定離開，就完全不再和大使館的北韓人交談。徐燕石要艾德瑞安去開大使館的汽車，並指示他到一個鎖箱，裡頭有奧迪A8、賓士Viano與豐田RAV4的車鑰匙。監視畫面顯示，這群人在晚上九點四十分開車離去。

克里斯多夫負責護送團隊中最容易受到傷害的成員離開，亦即脫北者查爾斯。他們搭上賓士廂型車，駕駛是另一名千里馬成員。街上的西班牙警方看著使館大門打開，車子速速駛進夜色中。他們打電話給指揮官，詢問該做些什麼，上司叫他們繼續在外頭等。

艾德瑞安和另一名團隊成員選擇留在使館內，他們要以比其他人更有風險的方式離開。他叫一台Uber到瓦爾德馬林（Valdemarín）街，這條街大約在使館後方兩百公尺；他用奧斯瓦多·川普（Oswaldo Trump）的名字來叫車，這是他為Uber匿名帳戶中其中之一所取的代號。

其他人匆匆撤離後，過了幾分鐘，艾德瑞安和另一名成員從大使館的後牆爬下，以疲憊的腳步穿過雜草叢生的廢棄空地，終於來到路邊。他把馬修·趙的偽造身分證與帶到大使館內的些許武器，包括刀和一把仿製槍枝，扔到荒煙蔓草當中。Uber在晚上約九點四十六分抵達，艾德瑞安撥掉了黏在西裝上的草，立刻上車。

千里馬的成員差點陷入極端險境，卻對此渾然不知。原來鍥而不捨打電話到大使館的，是一群北韓年輕人，他們自稱是西班牙政府的學生。電話無人接聽，他們馬上覺得事有蹊蹺。他們究竟來西班牙做什麼並不清楚，說不定求學只是幌子，用以遮掩其他活動。其中一位名叫金哲學（Chol-hak Kim，音譯）的學生後來在給警方的證詞中說，他是內布里哈大學（Nebrija University）的建築系學生，會定期與其他學生造訪大使館。（我曾諮詢過北韓專家，他們說，這些學生可能是被要求到大使館，去上關於北韓意識形態的常態課程，以免在西方國家受到自由環境的誘惑。）

金哲學當時年約四十歲，他後來告訴警方，他們接到命令要前往大使館，因為另一個在馬德里的北韓官員打電話給他們，說他們收到有一位使館員工受傷的報告。金哲學之後還會告訴警方，他來到這裡時，使館職員全都受傷，臉部有血──千里馬成員完全否認這一點。

在千里馬成員離開大使館之前，三名「學生」（也包括金哲學）已出現在大使館。他們目睹千里馬成員匆忙開車離去，因此趕緊敲門。由於沒人應門，他們乾脆跳進籬笆開門，發現館內還有幾位職員還戴著手銬。大家馬上被釋放。

警察眼見這麼多騷動（包括來到使館的「學生」跳進籬笆）發生，就再度敲門。徐燕石在半小時後才來到門邊，沒多解釋什麼，只說遇到有人入侵，也授權警察入內搜查，以尋找是否有千里馬團隊成員的蛛絲馬跡。一名犯罪現場攝影師替千里馬成員所留下的有東西都拍了照，另外也將大使館遭破壞的門框給拍了下來。

從大使館竊取的賓士廂型車上，克里斯多夫告訴駕駛，讓他和查爾斯中途下車，他們要逕行自己的逃脫計畫。這對搭擋先做的，就是走進一間酒館，讓克里斯多夫小解；他過去幾個小時都沒有上廁所，壓力很大，此刻再也憋不住了。

駕駛開著廂型車在伽利略街（Galileo Street）上行駛，這裡距離大使館約二十分鐘車程。開豐田汽車的那組人往不同方向行駛十分鐘就棄車逃逸，而幾天後，警方在另一個方向大約十五分鐘車程之處發現了那輛奧迪。

艾德瑞安還在Uber上時，就打電話到他住宿的埃塔娜飯店，跟櫃台說他臨時有事，得緊急離開西班牙去處理，因此他請飯店員工幫他把東西寄回洛杉磯的家。他以無線電聯絡千里馬成員，要他們以幾人為一組的方式前往葡萄牙，馬上搭機飛往紐約，之後他們再集合討論下一步。他們還在大使館內就取得共識，等大家安全飛回美國要通知聯邦調查局，說明發生了什麼事，以防引來負面解讀。他們仍認為有機會讓這天的事件不被公諸於世。

有個棘手的問題：團隊成員的護照還在行動時於大使館外等待的小組成員手上。這個小單位的其中一名成員以Signal傳訊息給克里斯多夫，留下一個地址，他和查爾斯可在那地址的樹叢中找到護照。

接下來的情況有點像是鬧劇，但牽涉到實實在在的風險。克里斯多夫突然想到該剃鬍子，隨即前往一間小超市買刮鬍刀。他用一瓶水和刮鬍刀大致修了鬍子，還留下幾道刮傷。他身上只有個皮夾，裡頭裝著四十歐元和信用卡，此外還有一支手機。查爾斯的東西更少。

他們叫了計程車，要前往放置護照的指定地點，但計程車拋錨了。這時，克里斯多夫看看手機，發現電力只剩百分之二。他們之前使用Zello應用程式，把手機變成對講機，但這個應用程式有非常耗電的缺點。他們沒有直接去放護照的地點，而是決定先到另一間店買iPhone的充電線，再到漢堡王幫手機充電。

克里斯多夫的腦中認為，如果他做出任何要隱瞞他來到西班牙的舉動，就代表他可能有出於犯罪而生的罪惡感。因此他刻意在付錢買漢堡時使用信用卡，而非使用現金，好「留下線索」給警方，讓他們在拼湊來龍去脈時，看得出他毫無隱瞞之意。但艾德瑞安對所有成員說要採取的做法則恰恰相反。

等他們吃完漢堡王，時間已過了午夜，克里斯多夫的電池仍差不多只有百分之一的電量。他把所有應用程式關閉，螢幕調暗，以文字簡訊和團隊聯絡。克里斯多夫和查爾斯在樹叢中找到護照，但又有另一個難題冒出來：要怎麼去葡萄牙？

身為兩個亞洲人，一個高大壯碩，另一個嬌小纖瘦，就這樣在凌晨十二點半站在馬德里大街上——他們自知看起來很可疑。「或許我們看起來就像一對獨角獸，只是跑錯地方。」克里斯多夫後來說。

他們發現，對街有個計程車司機似乎正在算今天賺到的錢，準備收工回家。他們跑過去，以不靈光的西班牙語說他們得去葡萄牙的波多——大約是六小時車程。司機盯著他們，眼神很不自在，相當狐疑。

克里斯多夫知道選擇有限，就編起故事，說他們快來不及參加兄弟在葡萄牙的婚禮，得在早上之前到那邊。「我搞丟皮夾了，但我爸可以付你錢。」克里斯多夫告訴司機。他指了指查爾斯，向司機解釋：「這是我弟弟。」

司機終於答應。

起初，司機不願讓克里斯多夫把iPhone充電線插入汽車的插座，因為他得靠這個插座來啟動衛星定位系統，但後來還是讓克里斯多夫一次充十分鐘的電。車程經過一個半小時之後，他們停下來加油。克里斯多夫聽見司機向加油站員工說的話，大意是他載著兩名可疑的亞洲人要去葡萄牙，以及他「覺得這兩人可能是跨國罪犯。」

克里斯多夫利用手機僅存的一點點電力，幫查爾斯和自己訂購離開波多的機票。他們的行程會先飛到蘇黎世、伊斯坦堡，最後飛往洛杉磯。克里斯多夫拒絕飛到紐約，因為他星期一還得到洛杉磯與投資人開會。他們大約在早晨七點抵達波多的萬豪飯店。司機看起來很不信任他們，要求克里斯多夫馬上打電話跟「爸爸」要錢，支付車資。克里斯多夫下車進入飯店大廳，並打電話給艾德瑞安。這時也在葡萄牙的艾德瑞安告訴他，找個自動櫃員機領錢付車資，然後盡快離開這國家。

克里斯多夫回到計程車上，請司機載他們到自動櫃員機，接著他從自己的銀行帳戶領錢。車資超過八百歐元，克里斯多夫還加了一大筆小費。克里斯多夫付錢時，司機顯然鬆了好大一口氣，說他原本擔心他們搭霸王車，沒付錢就跑掉。「我以為你們瘋了。」他告訴克里斯多夫。

消息傳來：其他團隊成員都安全離開西班牙，啟程返回美國。

這時，克里斯多夫在歐洲才待了二十三小時。他還得回洛杉磯，準備星期一和新創事業的投資者開會。他踏上這令人精疲力竭、長達三段的十八小時飛行旅程，返回洛杉磯。

終於到家後，太太看了他一眼就問：「你的鬍子怎麼回事？」

才剛在紐約降落，艾德瑞安就幫千里馬的其他成員在紐約訂飯店房間。

能安全離開西班牙，團隊鬆了很大一口氣。不過艾德瑞安知道，他們可能還未遠離困境。為了化解營救徐燕石失敗的風波，艾德瑞安寫了一封未署名的匿名信給西班牙外交部，解釋他們這群人是受邀進入大使館協助脫逃行動，只是邀請人改變心意。

艾德瑞安也和聯邦調查局的人脈聯絡——這些情報員所屬單位，就和當年他在利比亞待了好一段時間遇到的是同一單位。他們同意馬上見面。在多次會面中，艾德瑞安最開始就先向探員詳細說明在西班牙發生的事；他的想法是，如果他們這群人在聯邦調查局面前讓資訊完全透明，卻因為某些原因被西班牙當局指認出來，聯邦調查局應該會保護他們。艾德瑞安依然期待他們完全不會被認出來。

探員聽著這超乎想像的事件來龍去脈，難掩訝異之情，他有時瞪大眼睛，不敢相信千里馬的計畫怎敢這麼大膽。當艾德瑞安說到他們從大使館得到的大量情報時，探員馬上問，能不能把檔案和硬碟交給他們。其實艾德瑞安並不確知裡頭到底有什麼，因為他的團隊無法破解這些資料使用的加密系統。

日後雙方在一次見面時，艾德瑞安同意把東西全部借給聯邦調查局兩個星期，之後他們會在紐約把原始檔案都歸還艾德瑞安。探員同意要嚴守檔案與他們見面的機密。不過，情報員還是想知道每個參與行動的人名，也想和其他參與者談談。艾德瑞安拒絕透露姓名，但同意說服另一名團隊成員與他們談話。參與西班牙行動的幾位千里馬成員在抵達紐約之後，很快便飛回南韓。因為某些因素，媒體沒有報導這個團體的行動。

之後，在二月二十七日星期三，西班牙《機密報》（*El Confidencial*）揭露這起事件，提到有個神祕組織在幾天前占領北韓大使館。這篇出人意料的報導出自內政部不具名人士的訪談，其中提到一項關於大使館遭到攻擊的調查已啟動。雖然詳情不多，但提到的資訊實在令人瞠目結舌：一名逃跑的女子受傷淌血、一名衣冠楚楚的韓國人在大使館應門，說使館沒問題，而警方在幾小時之後，才知道大使館其實被一群身分不明的男子占領，據說還毆打人質。

至於那些聲稱受傷的人其實都是大使館職員，也都在使館內處理傷勢，沒有人被送到醫療院所。我曾和一位西班牙記者談到此事，他說沒有人拍到這些職員的照片。千里馬的成員——包括克里斯多夫與艾德瑞安——都相信，使館職員是彼此互毆，創造出暴力的假象。與其說是要展現給警方看，不如說是要讓他們的北韓監督者看到：他們至少有抵抗「入侵者」；這樣才不會和叛逃扯上邊。

克里斯多夫回到加州之後，盡量把西班牙的事情拋諸腦後，專注於新創事業。但是這次搞砸的行動後果，不久之後就會找上門來。

大約在西班牙事件過了一週，他接到艾德瑞安的電話，說他要回洛杉磯。由於兩人都住這兒，艾德瑞安想順便見個面。克里斯多夫去機場接他，並在前往市區的車程中談到這次行動，以及他們漏了第七位居民有多令人氣惱。

艾德瑞安告訴克里斯多夫，當局的情況似乎很穩定。探員對千里馬的舉動相當吃驚，也想知道每個人的名字，但艾德瑞安拒絕透露成員身分。不過，他們堅持想和其他人談談，以證實艾德瑞安對事件的說詞無誤。克里斯多夫答應要當這個人。

過了幾天，艾德瑞安打電話來，說聯邦調查局的人員準備好見面。由於妻子去上班了，克里斯多夫便邀請和艾德瑞安談過的相同人員來到家中，還請他們喝茶，並招待一盤夏威夷果及剛烤好的白巧克力餅乾——烘焙是他的新嗜好。探員問了在馬德里當天從頭到尾發生的事件詳情，記下一大堆筆記。

兩週之後，聯邦調查局來電，告知一項令人擔心的訊息。他們跟克里斯多夫解釋，有可靠的消息指出，有人威脅要取艾德瑞安本人及其他行動參與者的性命。

「搞什麼？怎麼會呢？」克里斯多夫問，他深信他們的身分應該仍是保密的。對方閃爍其詞，但感覺起來，他們的名字已開始在某個地方流傳開來。

艾德瑞安和其他千里馬團隊成員沒能完全理解的是，他們的行動時間點非常糟糕。川普當時正準備飛往河內，去和金正恩進行第二次高峰會，而新聞頭條標題盡是關於多虧川普展現非傳統的外交友好姿態，因此美國與北韓的關係可能融冰。

川普政府最不希望發生的，就是讓任何人以為美國政府支持（哪怕是默許）一群魯莽的行動者，進行這種大膽且令人憤怒的舉動，帶頭的還是美國綠卡持有人。白宮安全顧問相信，任何與北韓的協議仍只是虛幻童話，但川普抱著很高的期待，他認為自己談生意的經驗無可匹敵，最終會擊中「火箭人」的要害。

這時間點很奇特。多數美國代表正搭機前往河內，而千里馬民防的團隊則是要搭機返回紐約。而這樣的時間點會讓人誤以為西班牙大使館的任務是經過精細策畫，要對金氏政權施壓，或更糟——這是由美國政府安全機構中反對川普和解的勢力所策動。

要是大家知道艾德瑞安幾年前見過川普的最高國安顧問波頓，而波頓又對他推翻金氏政權的激進想法接受度很高，那麼這樣的巧合會更具爆炸性。

但怪的是，完全沒有人提起馬德里事件。北韓政府代表團沒人向美方提到馬德里。「我們很擔心，這樣會搗亂工作，」一名美國代表團成員說，「這是個未知數。」

艾德瑞安不知情的是，美國執法部門幕後對千里馬相關事宜下了怪異的指示。處理艾德瑞安事情的聯邦調查局探員向上級說明艾德瑞安說了什麼不可思議之事，之後卻收到很唐突的訊息：讓這些人自生自滅吧，別保護他們。這時聯邦調查局已把盜取來的情報資料納入囊中，可能也已經有了複本，就在美國情報機構之間散布。他們對艾德瑞安與千里馬置之不理，但這件事也不能告訴他們。

在河內的大都會飯店（Hotel Metropole），川普與金正恩再度會面，要評估無核化的協商能否有所進展，讓北韓換取減輕制裁。但這一次，雙方陷入僵局很快就顯而易見。兩國元首坐在飯店庭園中央設有空調的溫室，對彼此愈來愈不抱期待。金正恩的妹妹金與正在炎熱潮濕的上午，堅忍不拔地站在外頭。

隔天早上，在十一點氣氛較緊繃的會議之後，他們試著重新再現這歷史性的一刻。川普甚至提議以空軍一號送金正恩回北韓，不過金正恩笑笑婉拒了這可能極具象徵意義的表示。金正恩繼續宣揚，他們答應關閉寧邊核設施已是大退讓。不過，美國仍不願為了這個單一舉動就停止制裁。在波頓和其他人的驅使之下，川普催促北韓應該要完全拆除核武。

這趟旅程顯然無法達成共識，即使如此，雙方仍設法讓這次會議看起來有進展。不過，川普的北韓策略已失敗。曾有一些緊張時刻，金正恩可能同意川普短暫（在國安官員的眼中是魯莽）提出的一項提議，但金正恩受限於他的顧問與鷹派分子，堅持要有更好的提議；他們認為川普需要達成協議以名留青史，因此會答應對北韓更有利的事。

一個多月之後，北韓又開始測試飛彈。這次僵局剛好又回到原點，沒有任何進展。這是美國政府在應對北韓威脅方面，最新一次的失敗；之前十位美國總統也沒能阻止力量超乎預期的隱士王國興起——它威脅著超級強權，卻未受到反擊。

在馬德里行動的消息開始出現在西班牙報紙上之後，世界各地較大的媒體也紛紛轉載。這件事相當古怪。從某個層面來看，好像技藝高超的情報特務團隊闖進外國使館，並盜取資料。但這種形象也有裂隙破口，不免讓人懷疑他們是否不夠靈巧？是業餘人士嗎？

為了掌握敘事的論調，艾德瑞安決定利用千里馬民防的網站發表一篇聲明，把這次行動歸功於己，卻不提供太多細節。

在二月二十五日，這團體在網站上寫道：「我們的組織收到來自某西方國家的同志請求，盼能予以協助。這風險很高，但我們回應了。」

幾天後，他們加了一條暗中要給北韓大使的訊息：「如果你對我們信守承諾，那就別擔心。」換言之，他們原諒這位大使在逃脫任務的最後關頭抽身，即使這任務是他先發起的，組織也會盡量保護他，不讓人知道他曾與外界接觸。

最後，艾德瑞安的祕密組織決定要正大光明採取積極的一步動作。在三月一日，亦即一九一九年韓國人民與學生發起示威抗議，號召韓國從日本獨立的三一節，千里馬民防提出「自由朝鮮」的宣言。朝鮮這名稱是源自於延續五百多年的朝鮮王朝。這項聲明是宏大的使命宣言，還搭配了一段影片，片中一名女子在首爾的塔洞公園（Tapgol Park）朗讀宣言，而這個地點就是一百多年前運動的發起地。由冒險的行動人士組成的地下網絡千里馬民防，改稱為「自由朝鮮」，自封為對抗金氏政權的革命籌畫者。

千里馬民防和朝鮮研究所一樣，原本幾乎沒有政治色彩，也就是一群志工在幫助有需求的人。不過自由朝鮮是艾德瑞安轉向激進的最後一步：這個組織不僅急於改變，更聲稱自己是北韓的合法政府。

在馬德里任務告吹之前，自由朝鮮的成立計畫便已經存在，但就在現今世界各地媒體關注起這個團體之時，自由朝鮮獲得了新的意義。訪談邀約湧進自由朝鮮ProtonMail的電子郵件地址；這團體多半是用這個加密電郵地址，與準脫北者和志工聯絡。

艾德瑞安和隊友已為此籌備了好幾個月，他們從世界各地的其他獨立宣言與號召征戰的文件中汲取靈感，甚至還引用中國的國歌。文件中包括如此浮誇的段落：

今天我們聽到先民與後生的齊聲呼喊。我們的精神要吾輩莫再蹉跎。我們不也該得到喜悅、尊嚴、教育、健康與安全？我們也主張自由乃是獎勵。因此，我們把命運和責任，拿回自己手上。

自由朝鮮的目標是創造啟迪人心的組織，但也要八面玲瓏，迎合多方組成分子的喜好，亦即北韓公民、歐洲支持者，還有這議題的左右兩派。

對於體制內的北韓人，組織呼籲他們要「藐視你的壓迫者」；對於離散在外的韓國人，則向其號召「加入我們的革命」；對於「那些持續讓這個政權合法化，並為其賦予權力的人：歷史會記住當你們有選擇時，你們站在哪一邊。」

從較為具體的方面來看，這宣言包括創立「臨時性的流亡政府」——此概念借自艾德瑞安的朋友奧沙馬．阿布沙古爾的父親，以及其他反格達費的革命人士。「我們宣布，這個實體乃北韓人民唯一的合法代表。」文字如此寫道。在北韓歷史上，從來沒有尋求解放的團體採取這樣的做法。臨時國家的概念也是對南韓政府的挑釁，因為他們認為南北韓應該是統一的單一國家。

三月十一日，有人在吉隆坡的北韓大使館牆面以噴漆寫著：「北韓要自由……我們要反抗！」，另外還噴上了自由朝鮮的標誌。在網站上，自由朝鮮寫下：「在吉隆坡展現勇氣」，並寫道，「如果默默渴望自由，就會孤單。但我們可以透過勇氣，逐一和彼此相遇。」當時新聞報導沒有公開揭露的是，大使館內的國旗也被換成自由朝鮮的旗幟——證明了這個團體甚至能接觸到外交體系內部。

艾德瑞安也展開新的募資策略，這時正逢全球掀起加密貨幣的風潮，而這個組織已在加密貨幣領域運作了好幾個月。他相信，加密貨幣的匿名性對自由朝鮮這樣的組織而言是優勢。三月，他們推出「解放後區塊鏈G簽證」（Post-Liberation Blockchain G-VISA）[1]，可讓持有簽證者在北韓政權崩潰之後，造訪自由朝鮮這個後繼國家。

他們宣布的內容甚至包括自由朝鮮臨時政府所核發的逼真簽證。不過，這噱頭並未獲致多大的成功。區塊鏈的紀錄顯示，它只賺得價值三萬美元的加密貨幣。

艾德瑞安曾與一些企業討論，讓他們購買到「自由朝鮮」工作的許可證，而為了因應這個想法，組織在核發簽證時會規定，任何尋求「進行商業活動」的人，要透過加密電子郵件聯絡自由朝鮮。「擁有一份或多份G簽證，應視為對這項行動的貢獻，而不應用來進行投機或信託目的。」這組織寫道。

諷刺的是，我曾傳訊息給艾德瑞安，討論起這次西班牙任務，好奇他知不知道背後主使

1 註：G簽證在美國是供國際組織雇員使用的臨時工作簽證。

是誰。我認為這會是很有趣的案例，可供《華爾街日報》挖掘下去。他三言兩語把我打發，聲稱對這個行動一無所知。那個當下，他仍希望在美國政府的協助下保持匿名。美國政府沒有給他任何明確的承諾，但他有信心：政府知道自由朝鮮正在設法做好事。

艾德瑞安和現稱為「自由朝鮮」的團隊成員有所不知，西班牙當局已完成國際媒體沒能做到的事：辨識出西班牙任務裡那些人的多數身分，而且也蒐集到北韓外交人員的證詞。他們告訴檢方，千里馬成員毆打、恐嚇他們。最高官員徐燕石幾天後告訴檢察官，這些人突襲使館，設法強迫他叛逃，一部分是以「北韓政府即將垮台」的說法來勸誘。

徐燕石接受訪談時，臉上有大片不久前出現的瘀傷。徐燕石告訴警方，有個入侵者以偽造手槍的後托往他臉上搥（我曾和克里斯多夫和其他人談過，他們都明確否認在大使館曾有任何暴力舉動）。值得注意的是，西班牙當局在調查報告中，並未提到任何北韓領袖肖像遭到搗毀的資訊。徐燕石和大使館內的其他人否認這些肖像曾被人動任何手腳。

西班牙國家警察稱這次調查為「諾蘭行動」（Operation Nollam），「諾蘭」是韓文的驚奇之意。西班牙警方幾乎立刻就掌握到入侵者名單，這是因為兩項因素：這些人使用的是真名，所有交易也都使用美國運通卡。美國運通卡在西班牙鮮少有人使用，於是這些交易便格外引人注意。

到了三月底，西班牙法庭已將此案件的密等移除，遂暴露出他們的名字與驚人的細節：聯邦調查局**從一開始**就和西班牙調查單位合作，而且也告訴了西班牙方面，艾德瑞安已把大使館的東西交給聯邦調查局。

艾德瑞安的名字被揭露之後，大量訊息湧入他的手機。他過去認識的人——大學時代有來往者、自由北韓、非營利組織、教會群體、政治顧問——都想知道，他是不是真的滲透到馬德里的北韓大使館。這些人認為這起事件太不可思議。他大部分都沒有回覆，但倒是和前美國政府官員談過，對方建議他盡快找律師。

不久之後，艾德瑞安靠著曾任職中情局的戰略與國際研究中心（Center for Strategic and International Studies）資深研究員金秀美（Sue Mi Terry，音譯）引介，找到了李．沃洛斯基（Lee Wolosky）；他是前政府律師，在川普擔任總統時轉到私人事務所任職。金秀美相當欣賞艾德瑞安，但也覺得他類似間諜電影的行為有點過火。她**確實**曾是專門研究北韓的前情報員，因此覺得艾德瑞安的行為更顯得愚蠢。在認識他的這幾年，金秀美常懷疑這些事情是不是他捏造的，或至少經過誇大——這些故事實在太奇怪了。

「他把行動搞得神秘兮兮，讓我有點惱火，」金秀美說，「電話要放進特殊的袋子，以阻擋信號。像《神鬼認證：最後通牒》（*Bourne Ultimatum*）那樣。拜託，我以前可待過中情局呢。」

但同時，金秀美又覺得艾德瑞安挺厲害的。他把顧問公司賺來的每一分錢投入這些北韓相關的任務。「他不是個普通人，不會光為了單純的事而感到滿足。」金秀美說。

二〇一九年二月，艾德瑞安西班牙任務失敗之後來找金秀美，她馬上感覺到艾德瑞安口中的故事所言不假。當她聽到細節時，就知道艾德瑞安需要一名律師來幫助他把故事告訴政府當局。金秀美是在政府任職時認識沃洛斯基，這次又聯絡上他，以幫這兩人牽線。

沃洛斯基長久以來累積了相當前衛、與國安有關的公共利益案件的歷練，他曾在歐巴馬執政時期，擔任關塔那摩灣監獄關閉的美國特使。他發現艾德瑞安的立場居然如此充滿緊張的張力：一個理想主義者試著對抗系統性折磨百姓的殘暴政權，卻又去衝撞西班牙的法律。沃洛斯基同意無償接下這個案件。

把鏡頭拉回洛杉磯。對艾德瑞安與克里斯多夫來說，自由朝鮮顯然惹上麻煩。新聞報導把重點放在對他們的暴力指控上。西班牙政府不接受徐燕石請這組織協助逃脫的說法，至少檯面上是如此。而自由朝鮮如果公開解釋，就會讓徐燕石、其妻兒與整個大家族立刻身陷危險。在沮喪之際，他們還得退出杜拜的共享小型電動機車公司；如果他們的名字扯上國際事件，則投資人絕不願意為這計畫投入更多金錢。

西班牙當局似乎沒發現，大使館職員在提供證詞之後不久，就全數被召回北韓，只有徐燕石例外，西班牙當局似乎沒從這件事實看出弦外之音。（他的妻兒是否還獲准與他留在使館，則不得而知。）

在此同時，攝影師與記者都在敲艾德瑞安位於洛杉磯的公寓大門。艾德瑞安擔心妻子和幼子會被大家認出，成為北韓殺手的目標。克里斯多夫從聯邦調查局得知自己也成了目標後，就開始隱蔽持槍；他以前就有隱蔽持槍許可證。

有一天，艾德瑞安打電話給克里斯多夫，告訴他新消息。艾德瑞安說，他把公寓退租了，要搬到其他地方，以免被別人找到。克里斯多夫說要幫他打包搬家。多年來，艾德瑞安一直和克里斯多夫保持距離，儘管還是得靠他替千里馬執行風險愈來愈高的任務。這會兒，兩人在艾德瑞安的公寓收拾寶寶的玩具和書籍，一股新的同志情誼油然而生。

艾德瑞安也提到，他買了一堆監視攝影機來自保。「要一台嗎？」他問克里斯多夫。克里斯多夫以為他說的是有人按門鈴時，可以看到對方畫面的攝影機，就隨口答應。

隔天，克里斯多夫從商店拿到一箱攝影機，這才明白是較高價的戶外保全攝影機，而不是原先以為的那種。艾德瑞安出門理髮去了，但克里斯多夫告訴他，會把東西放在艾德瑞安位於韓國城的公寓。

不過，克里斯多夫用艾德瑞安給的鑰匙打開公寓大門時，卻看到一群壯漢。「你們哪來的？」他喊道。他們跳起來，拔出槍嚷道：「**你**又是哪來的？」他們自稱是美國法警局的警官，要他報上名來。

當他說自己是克里斯多夫・安時，法警彼此對看，這才知道要找的其中一人已自己送上門來。這些法警有西班牙的引渡逮捕狀，就這樣當場逮捕了克里斯多夫。

在前往警局與訊問過程的幾小時裡，克里斯多夫都保持冷靜。那時是週五下午，但他以為，只要把混亂的部分說清楚講明白，就能立刻獲釋。艾德瑞安和克里斯多夫之前在討論時，從沒想過在美國竟可能遭到逮捕。

「我一直說：『哪個人打電話給聯邦調查局或國務院，把事情釐清好嗎？顯然有事情搞錯了，』」克里斯多夫回憶道，「我以為可以回家吃晚餐。」

過了幾小時，警方做完筆錄，把他扣留在洛杉磯大都會拘留中心（Metropolitan Detention Center）。那天晚上，他終於和公設辯護人說到話，而對方告訴他壞消息，說整個週末他都一定會被拘留。「我大吃一驚，」他回憶道，「這才明白事情非同小可。」

一直要到隔天早上，他才獲准打電話給妻子葛瑞絲。她是洛杉磯低收入地區的公立學校老師，已習慣在遇到事情時保持冷靜，克制情緒。前一天，她在和法警與公設辯護人談話時都保持鎮定。等克里斯多夫終於打電話時，她完全崩潰。所有的壓力與恐懼瞬間傾瀉而出。

「我要你回家。」她告訴克里斯多夫。

十七　監獄版韓式泡菜

據說，要真正了解一個國家，就要進入這個國家的監獄。要評判一個國家，並不能根據它對待最高層國民的方式，而是要看它如何對待最底層的國民。

——納爾遜．曼德拉（Nelson Mandela）

洛杉磯
二〇一九年四月

獄友拖著腳步來到桌邊，準備要吃又一頓糟糕的晚餐，這時克里斯多夫瞥見了他的獵物：涼拌高麗菜。

克里斯多夫明白，監獄裡有兩個料理界。食堂供應的是人人討厭的餐點，食材腐敗可不稀奇。另外一個料理界，則有別具巧思的調製食物，那是獄友趁著用餐時偷來的真正食材，混合從外界取得的各種速食或加工食品做成的。比方說，墨西哥人可能做出還過得去的玉米粥；這種傳統燉菜需要玉米糝和豬肉，而他們是把玉米粒泡個幾天，趁著用餐時偷點肉，再加上從其他包裝產品取得的各種香料和辣醬，就能做出這道料理。從烹調工具到臨時變通的技巧，都需要發揮想像力，例如在垃圾桶裡加熱水，當作舒肥工具。總之，他們要把洛杉磯大都市拘留中心西棟六號區這麼小的世界中能找到的一切，都好好善加利用。

多數監獄食譜靠著囚犯代代相傳，算是一種口述傳統。克里斯多夫在市中心這棟一九八〇年代的淒涼高塔消磨時間時，很想嚐點熟悉的泡菜；每個韓國家庭廚房中都有這種以傳統手法醃製的大白菜。截至目前為止，這一小群亞裔囚犯還沒想出該怎麼破解這道料理。不過，克里斯多夫不屈不撓。他在家裡常做泡菜。他需要的就是乾淨簡單的蔬菜、醋、糖、時間。

他不缺的是時間。美國法警在幾週前逮捕克里斯多夫，他原本以為只會被拘留幾個小時，頂多幾天。遭逮捕後，隔天書記官終於來面談。克里斯多夫說，他要知道自己究竟被控訴了什麼名堂。書記官沒搞清楚一堆文件的內容，就說他是因為協助逃犯而遭到指控。

克里斯多夫覺得鬆了口氣，以為只要解釋一下，就能輕鬆釐清真相。但幾小時後，他見到公設辯護人，這才明白他被指控在西班牙犯下大量罪行，面臨引渡要求。他心一沉，發現這些文件透露出聯邦調查局是在幫西班牙方面確認他曾涉入這項行動。他覺得自己好傻，竟然天真到在沒有律師陪同的情況下，邀請那些探員到家中吃餅乾喝茶。那本來是讓探員理解事實的機會，卻反而害自己身陷囹圄。

在馬德里行動前不久，某一天，克里斯多夫和艾德瑞安聊到該如何確保不做出任何會破壞自己得以回家過好平凡小日子的事。

不過，在遭到逮捕前幾天，克里斯多夫告訴艾德瑞安和其他自由朝鮮的成員，艾德瑞安在馬德里發生的事件上概括承受一切，這讓他於心不忍。有個成員回他，別擔心。「你甚至不算真正參與這項行動呢，」這名成員告訴克里斯多夫，「你是最後才出現的。」

但現在看來，概括承受後果的是克里斯多夫。這想法令人頭暈目眩，甚至有些荒謬。「我還懷疑了一下：這到底是不是真的，」他回憶道，「之後我發現，最可怕的夢魇成真了。」

幾週過後，他心裡的時間感已扭曲；幾分鐘感覺就像幾小時，眼前看不到終點。他曾派駐伊拉克，人生中也曾見過駭人的風風雨雨，但他就是缺乏美國監獄中不可或缺的無情狡詐與心機。「在監獄系統內運作的機制是設計來不斷提醒你，你是一點價值都沒有的人，」他之後說，「除了靠自己或在整個監獄中所結交的盟友，你根本無法仰賴任何人確保安全。」

在此之前，克里斯多夫從來沒和刑事司法系統發生衝突，頂多就是大學時代曾去交通裁決庭，抗議沒繫安全帶收到的罰單，最後支付一筆小小的罰鍰了事。

從這方面來看，克里斯多夫和其他千里馬（現在的自由朝鮮）團隊成員差不多。這些參與馬德里行動的人表現出天不怕地不怕的模樣，但他們這輩子一直都積極想當堂堂正正、有好工作的國民。無論怎麼看，他們都不是傭兵或流氓，很懂凡事照規矩來的道理。事實上，他們太天真，以為美國政府事後會肯定他們的作為，因為他們所做的是正確之舉。但接下來發生的事即將粉碎他們的理想主義。

大都市拘留中心西棟六號區據說是洛杉磯最好的監獄設施。即使如此，克里斯多夫還是覺得這次經驗相當「可怕、缺乏人性」，誓言等他從西班牙事件的餘波脫身之後，要把推動刑事司法改革當作志業的一部分。「我遇見的獄友大致上是正當的人，只是犯了過錯，卻受到沒人性的對待，」他回憶道，「我寧可待在伊拉克費盧傑，即使在那裡最糟的日子也比待在監獄好。」

克里斯多夫在監獄中最早受到的震撼之一，是監獄裡的種族權勢等級，亞洲人通常被認為最低階；這震撼在他腦海中縈繞不去。雖然獄警通常要負責管理，但他們會把收容人之間的關係留給幫派處理。每當克里斯多夫步出囚室，就得板起臉孔。囚區有因幫派與種族差異而生的緊張局勢，隨時都可能因為眼神不遜這樣的小事擦槍走火，上演暴力場面。

克里斯多夫算是好運，住的囚區近來出現一個深具影響力的亞裔「老大」，他靠著調停能力而受到尊重，還打敗一個想向亞洲跟班收「稅金」的黑人囚犯，因此看起來更像個狠角色。在監獄的這一區，亞裔有相對強勢的地位。

克里斯多夫來到一般囚區之後，輾轉於有空床的牢房之間。但不久後，他被分配到一間囚室，與一位年紀較長的韓國人ＰＫ共住，那人被指控詐欺，但沒有暴力傾向，也不諳監牢中的政治權謀——克里斯多夫鬆了口氣。他們成為朋友，在夜裡把囚室變成韓人避難所，兩人會聽韓文廣播——有脫口秀、傳統音樂，還有關於道奇棒球隊的球評。這些愉快的消遣幫他們忘記自己身在何處。「囚室裡有截然不同的氛圍，」克里斯多夫後來回憶道，「但囚室外盡是幫派和瘋狂的事物。」

克里斯多夫的妻子葛瑞絲每週都來探視，有時會帶克里斯多夫的母親前來。葛瑞絲不斷寄書給他；幾年前，葛瑞絲讀過暢銷小說《少年Pi的奇幻漂流》（*Life of Pi*），並在頁緣寫下閱讀時的感受。克里斯多夫在獄中讀著她的筆記，內心充滿感動。他和葛瑞絲也同時閱讀《愛之語：永久相愛的祕訣》（*The 5 Love Languages*），彼此透過電郵交換想法。

克里斯多夫也閱讀監獄圖書館的書籍，其中有一本小說的力道之強，出乎他意料。這本小說的主題是一位英國祖母在孩子都已離家、過著自己的人生之後，開始為自己尋找人生意義。

「這是鎖定女性的浪漫類型書籍，和我所處的地方調調截然不同，」他說，「讓我覺得自己好像坐在沙發上，和妻子看賀曼（Hallmark）的糟糕電影，因為那是她選的片。」

有一天，克里斯多夫格外感到孤立無援，於是大聲說出：「我怎麼會到這來？我不該在這的。」他沒有責怪任何人讓他陷入困境，但還是不相信西班牙事件會遭到這麼嚴重的誤解。他的獄友告訴他，別讓這種想法留在心裡。「如果你一直問，就會發瘋。」獄友說。雖然他的口氣不帶感情、直話直說，但還是幫助克里斯多夫脫離泥淖。

隨著日子過去，克里斯多夫開始吸收監獄的知識與文化規範。舉例來說，把東西吐進水槽被認為是不文明的。不知為何，刷牙時唯一可以吐牙膏的地方是馬桶。還有另一招：把毯子擰成繩子就能用來當克難書架。葛瑞絲與克里斯多夫的弟弟丹尼爾持續寄來書與漫畫，這些東西特別受歡迎，尤其是克里斯多夫蒐集的《權力遊戲》系列。這套書意外幫克里斯多夫和獄友們締結出良好的關係，包括和血幫（Bloods）與瘸幫（Crips）的成員。[1]血幫的老大是幾乎讓每個囚犯聞之變色的人，但他會跟克里斯多夫「狂追」這本書，還請他幫忙解釋一些字彙。

二〇一九年七月四日，克里斯多夫被捲進分區紛爭。守衛給負責安排籃球賽的人一份「福袋」，裡頭有熱門物件，例如士力架巧克力棒和辣醬。「在現實世界，這是任何一間加油站都能買到的東西，但在監獄可是很珍貴的。」克里斯多夫說。

克里斯多夫與墨西哥黑手黨領袖及血幫大哥（《權力遊戲》的鐵粉）一起出面協調當事人和解，讓兩個都自認有資格獲得福袋的人能好好均分裡面的東西。

克里斯多夫能協調千里馬與脫北者之間的緊張氣氛，在監獄也會幫忙維持和平與寧靜。由於那天高超的協商技巧，克里斯多夫在即將離開監獄時，開始被當成新的西棟六號區的亞洲老大。

克里斯多夫和妻子葛瑞絲對他們第一位律師很忠誠。這位律師是在聯邦公設辯護辦事處（Office of the Federal Public Defender）任職三十年的老將，名叫凱莉・斯提爾（Callie Steele）。雖然她對北韓或引渡案例算不上太熟悉，但她告訴克里斯多夫，她相信他的故事，也會努力讓他獲得保釋。

克里斯多夫遭逮捕不久後，艾德瑞安的律師沃洛斯基就聯絡了另一名洛杉磯的律師，請對方幫忙找人志願擔任克里斯多夫的無償律師。很快有人推薦娜恩・林（Naeun Rim）；這位哈佛畢業的律師在專門處理白領犯罪的事務所伯德・馬雷拉（Bird Marella）擔任要職，也曾任職於聯邦公設辯護辦事處，即克里斯多夫的公設辯護人斯提爾所服務的同一個單位。娜恩手上的案件量繁重，但仍立刻聯合另一位事務所的韓裔美籍律師以寬・羅（Ekwan Rhow），一起投入克里斯多夫的案子中。

就和其他韓裔美國人一樣，娜恩也覺得必須為北韓做些什麼才對。她說，這次衝突讓她內心「深深同感悲傷」，她解釋，「南韓在面對北韓時，不同的人在政治上會有很尖銳的差

1 註：這是洛杉磯兩大彼此仇視的幫派。

異，但根源都是一樣的——這國家的悲哀之處，是在不到一世紀前一分為二，而北韓有許多人和我們血脈相連，卻在吃苦，還不能與我們聯繫。然而要彌補這道裂縫，卻沒有簡單、分明的辦法。」

娜恩認為，克里斯多夫試著要做勇敢的事：處理朝鮮半島「受磨難」的歷史，而他也是個好人。「我覺得，我個人有責任要幫助克里斯多夫。」她憶道。

托斯提爾的福，娜恩與以寬加入律師團隊，這兩人立刻開始精讀克里斯多夫的案件細節與引渡法。他們的結論不太妙。盟友之間會不會引渡，大致上可歸結到兩個簡單的問題：美國和那個國家是否有引渡條款？在該地被指控的罪行，在美國是不是也是犯罪？以克里斯多夫的案例來說，兩個問題的答案皆為「是」。

然而，這個律師三人組仍聯合起來，提出相當積極有企圖心的法律策略，他們大力主張克里斯多夫是人道主義者，卻捲入一場誤會，可能導致他遭北韓殺手殺害。他們可不願因為不夠努力，就輸掉這場指控克里斯多夫的案子——引渡要求上稱他為「西班牙王國政府的逃犯」。

湊合式烹飪是監獄生活中最有趣的一環。掌握箇中祕訣之後，克里斯多夫就以拉麵、花生醬與蔬菜，發明出監獄版的泰式炒河粉。泡菜會需要更多創意才做得出來。獄友稱他們發明的混合物為「抹醬」。

食堂最糟糕的菜色之一，就是高麗菜沙拉——至少上菜時是如此。克里斯多夫認為自己做的會比較好吃。他請獄友把高麗菜沙拉「捐」給他，他會把沙拉存放在一只塑膠袋中，帶回自己的囚室。他在這裡把這道壓爛的菜洗一洗，用髮網當成濾網，盡量把水分擠乾。

之後，他用肥皂把花生醬的瓶子盡力洗淨，把剩下的高麗菜沙拉放進去，加點蒜粉，再擠上糖醋醬。要把糖或甚至含糖的食材送進監獄並不容易，因為這些東西可用來釀酒。不過，糖醋醬剛好可啟動發酵過程。克里斯多夫把這些裝滿混合物的瓶子放進床底下的麵包袋子裡。過了一星期，他把做好的監獄版韓式泡菜給其他囚犯吃，結果大受好評。

克里斯多夫的律師團隊辛勞付出，最後似乎得到了回報。

二〇一九年七月十六日，洛杉磯美國聯邦地區法院的法官珍．羅森布魯斯（Jean Rosenbluth）讓他保釋出獄，只是美國司法部反對，他們聲稱北韓官方提供的證據多對克里斯多夫不利——即使北韓和美國並無外交關係。克里斯多夫有些家族成員還抵押了房屋，好支付將近一百三十萬美元的保釋金。法官提出嚴格的保釋條件：絕不可和自由朝鮮接觸。

不過，克里斯多夫仍欣喜若狂。他在洛杉磯的溫暖白日步出監獄外，而一出來，葛瑞絲就送上一只福袋，裡頭有優格、糖果與汽水。「我滿懷感恩，大大鬆了口氣。」他說。

接下來的一年九個月，克里斯多夫在家過著完全受到軟禁的日子，連幫妻子從車上把食物雜貨拿下來都不行。這情況對他的家人來說很煎熬。終於，在二〇二一年，羅森布魯斯法官調整保釋條件，因此他可以在早上八點到晚上八點之間，於限定的地區活動。這樣子克里斯多夫就能照料母親；他母親罹患了三叉神經痛，臉部會感到極度疼痛。他也可以照顧與母親同住的九十歲外婆，她們家就在附近。

然而截至二〇二二年五月，在馬德里計畫過了三年後，克里斯多夫的生活還是混亂無比的狀態，看不到任何恢復的跡象。羅森布魯斯法官尚未對他的引渡做出判決。克里斯多夫的工作停擺，有些朋友也不再搭理他。他和葛瑞絲決定，在情況獲得解決之前都不要生小孩。

「我盡量不要自怨自艾，」克里斯多夫說，「重要的是，如果有人請求幫忙，而我又有能力協助的話，那我可不想當拒絕對方的人。」

十八　亡命天涯

熱情的聲音優於理性的聲音。缺乏熱情，則無法改變歷史。

——納切斯瓦夫．米沃什（Czesław Miłosz）

倫敦
二〇一九年四月

在倫敦波羅市場（Borough Market）與一名記者朋友見面之前，我快速滑過推特，這時一張畫面讓我停下手指。有人轉推通緝海報，那上面的照片是艾德瑞安的臉。

這張海報是由美國法警局發布，上頭的文字說要尋找「艾德瑞安．洪．張，又名馬修．趙，以及奧斯瓦多．川普」。這個一百八十五公分、一百公斤的男子「列入通緝名單，是因為涉及二〇一九年二月二十二日突襲朝鮮民主主義人民共和國駐西班牙馬德里大使館。」艾德瑞安最後一次現蹤，是開著一輛白色的二〇一七年KIA Soul 4D車款，車牌上寫著

「ARDENT」[1]。當局認為艾德瑞安攜帶武器，是危險人物。

主使者。

我只能瞠目結舌。幾個月前，我讀到有人闖進馬德里大使館的新聞，但完全沒察覺艾德瑞安涉案，甚至還以Signal聯絡過艾德瑞安，問他能不能說明誰可能是這起襲擊事件的幕後

我不光在西班牙使館事件之前，才剛在倫敦見到艾德瑞安，甚至在這次事件**之後**的幾個星期——我全然不知他牽涉其中——還介紹他認識一個志同道合的聯絡人，那人把自己的財富投入對抗政治領域中的假消息，並在世界各地建立難民營。我和他們相見時曾說，他倆都像國際「正義聯盟」的成員，也都砸下時間與金錢，要對抗世上的暗黑勢力。

這下子看見艾德瑞安出現在通緝海報上，我開始懷疑自己是否真正對他有任何了解，也納悶他怎麼會被講成持有武器的危險人物，畢竟我認識的這個人根本沒有絲毫暴力跡象。在看見推文後幾秒鐘，我就以Signal傳訊息給艾德瑞安——這是記者、官員與行動人士愛用的加密傳訊軟體，可防止他人窺探。但我的訊息都是未讀狀態。艾德瑞安已然消失。

當時已認識艾德瑞安八年的我這才恍然大悟：我根本不太認識他。

我費了九牛二虎之力，設法寫一篇關於艾德瑞安的故事。我和兩位《華爾街日報》最勇敢的記者一起合作，釐清這位耶魯大學畢業生遭到通緝的來龍去脈；在過程中，我很快明白，艾德瑞安只給了我很小的管窺機會來接近他的人生。他與世隔絕、孤立一方。我會知道

他已婚，只因為他在二〇一一年十二月和我對話時，不小心提到太太正在隔壁房間睡著。《華爾街日報》報導團隊能追蹤到幾個艾德瑞安的密友，而那些人完全不知道艾德瑞安為北韓付出的努力。而知道他為北韓人奔走的，又對他的個人生活幾乎一無所知。後來我會發現，就連自由朝鮮的成員——即使是組織高層——也未必真能看清他們的組織在做什麼。是艾德瑞安在主導一切。

從某方面來看，我知道這樣做的目的：這種結構讓自由朝鮮得以進行很棘手的任務。作為機構，這樣可以頂得住高得難以置信的風險，因為「風控長」與「執行長」就是艾德瑞安本人。其他成員是因理想主義而加入，但對於要涉入何種程度的險境，卻沒有平等的表決權。

有時候，以克里斯多夫或查爾斯的例子而言，他們根本不知道計畫是什麼，就先聽從艾德瑞安的緊急指示行動——得要到飛過大半個地球後才有概念。

克里斯多夫被送進監獄時，艾德瑞安與山姆就按著許久前安排好的計畫行事：人間蒸發。艾德瑞安根本不知道美國法警正準備逮捕他們，只是在法警逮人時，他剛好到城裡辦別

1 註：亦指「熱烈情感」。

的事罷了。

克里斯多夫在面對法警時，最後聽到的幾件事之一，就是有警官收到同事的報告。他同事在艾德瑞安的妻兒住處，而她拒絕幫他們找到艾德瑞安。

不過，他們原本的計畫並不是躲避美國法警，而是要躲避可能出現的北韓殺手──這是聯邦調查局對艾德瑞安與克里斯多夫的律師正式揭露的資訊，說明潛在威脅為何。

參加馬德里行動的自由朝鮮成員會面臨相當複雜的麻煩。起初，他們的問題就只是西班牙當局沒搞清楚究竟發生了什麼事。而他們也面臨來自北韓人的挑戰，因為北韓人想報復他們象徵性入侵領土，還導致上了全球媒體頭條的尷尬情況。有好幾個星期，艾德瑞安的公寓都有攝影師與記者出現。若他們曾以為離開西班牙之後就多少能回歸平凡生活，那可就錯了；現在他們得躲避官方更加靈巧的針對出入境、信用卡支出與電話通聯的監控。這樣的風險已經夠高了，但他們渾然不知自己還會面對更多的危險。

在快要逮捕他們之前，聯邦調查局仍一直與他們談話。艾德瑞安尤其對逮捕毫不知情。他和其他人後來才發現，他把隨身碟與其他資料交給聯邦調查局之後，他們保留了這些東西一段時間，究竟多久不得而知。聯邦調查局又把東西裝進封好的箱子，送到西班牙，之後不久就還給北韓大使館。沒有人知道，是否有任何美國情報機構先複製了這些資料才歸還；又或是白宮有沒有任何對金氏政權表現友好的人，在歸還這些資料時扮演任何角色。

但看起來，徐燕石似乎成功說服了北韓的上司，他指稱大使館受到入侵，而他們英勇對抗攻擊者，過程中也受了傷——完全子虛烏有。根據曹・德・貝諾斯的說法，徐燕石依舊是商務專員，但其他職員都回到平壤。

就在逮捕克里斯多夫那天，美國司法部依照西班牙的引渡要求，對克里斯多夫與艾德瑞安發出拘捕令。西班牙當局附上的調查資料中，除了詳細說明他們針對這起事件找到的所有資訊，還添了一項令人驚訝的資料：錄影畫面。

原來在馬德里大使館，千里馬成員漏掉了北韓大使館監視系統的一個關鍵部分。他們沒發現還有另一台電腦，裡面存著大門與庭院攝影機所拍攝的畫面。這台電腦裡有許多那次行動關鍵時刻的細節，包括進入使館的戲劇性場面、幾名北韓官員與職員被囚禁、警方抵達、千里馬逃脫，以及北韓學生到場的影像。

美國司法部的拘捕令與西班牙引渡要求，都一字未提千里馬成員回到紐約之後就寄給西班牙外交部的信（那封信函曾試圖說明千里馬的意圖），而徐燕石想逃脫的請求的相關討論也不見隻字片語。官方文件的架構都圍繞在指控這群人闖入大使館、毆打職員、設法強迫商務專員徐燕石叛逃等事。這些文件指出，徐燕石拒絕後，千里馬就毆打他，並盜取情報與大使館車輛，逃出西班牙。當時這些文件為主流媒體的所有報導定了調。

西班牙當局的調查摘要中指出，千里馬留下來的綁架用具，包括巴拉克拉瓦帽、偽造槍枝，都是暴力活動的證明。這些東西正是克里斯多夫堅持要留下來，以證明恰恰相反的事——表示他們並未企圖掩蓋任何事。

西班牙當局也獲得使館內北韓外交官的宣示證詞，連原本的準叛逃者都說，千里馬的成員攻擊外交官，而他從來就不同意這項任務，也未抱有任何從北韓叛逃的意志。

有張照片是克里斯多夫戴墨鏡、穿黑衣在大使館外，這張照片會被用來強化他們所作所為就是準軍事行動的概念。新聞標題說，「前海軍陸戰隊」涉入這次行動——更讓人相信這次是一起暴力攻擊事件。

根據一名熟悉這次西班牙訴訟案的人士指出，此案有個隱藏的層面，也就是西班牙方面真心認為，千里馬是幫美國情報機構辦事，或至少是與美國情報機構相互唱和，即使美方否認有任何牽連。美方的否認致使他們決定要起訴，西班牙方面有些人相信，美國不會讓任何千里馬成員被引渡，以免證明他們真的是探員。

這就導致情況更加複雜。美國政府雖然知道艾德瑞安營救脫北者的歷史，多年來也與他接觸，以得到共享情報的機會，但如果介入這案件，就會讓政府表現得像是支持自由朝鮮的目標，但美方並未予以支持。西班牙也不可能放棄起訴，否則看起來就像默許美方施壓以保護情報資產（其實根本沒這回事）。

在歐洲，這起事件也受中情局在九一一之後展開的「非常規引渡」波及。非常規引渡給歐洲留下很不好的印象，那被認為是對主權國家的嚴重侵犯。法國、德國、義大利與其他國家都對發生於自己國土上的活動展開調查。

中情局在歐洲的「反恐戰爭」引發風波，義大利檢察官甚至以缺席審判為由，將二十六人定罪（多數為中情局官員）。這次義大利的案例是唯一和美國政府非常規引渡計畫有關的審判，因為中情局情報員涉嫌在光天化日下，於米蘭大街綁架穆斯林教職人員奧沙馬・穆斯塔法・哈珊・納斯爾（Osama Moustafa Hassan Nasr）。

那些案例餘波不斷：任何案件一旦讓人稍稍感覺到是美國情報員未採取適當管道，就在歐洲採取實際行動，那就會引起反感。入侵大使館尤其是大踩紅線，因為這相當於暗示西班牙無法保護外交官免受攻擊。

這樣的後果是：每個千里馬成員都面臨得在西班牙坐牢二十四年的命運，罪行包括非法入境、攻擊、非法拘禁，以及參加犯罪集團。

美國法警局釋出這張通緝海報，是特別重大的轉捩點。海報上的人曾進入白宮與總統合照，有北韓人權倡導者的美名，也因為建立協助北韓人的國際組織而備受讚譽；但現在卻成為「持有武器的危險人物」，因為犯下重罪而被通緝。

在遭通緝的前幾週，艾德瑞安送出最後一次訊息給往來密切的朋友。這些訊息多半很簡短：他因為西班牙的案件而有嚴重的麻煩，目前的局勢可能會需要他躲起來避風頭。在克里斯多夫遭逮捕之後，與他聯絡都得不到回應。他和山姆切斷了與每個人的聯繫。

自由朝鮮成員過去就未雨綢繆，為這種情況安排好協定，而計畫在西班牙行動之後的幾週已有些微調整，因為他們和聯邦調查局的關係已經惡化，且突襲大使館的細節也開始慢慢滲透到國際媒體上。第一條規定是，如果艾德瑞安仍保持地下狀態，則組織的每個人都不能直接聯絡艾德瑞安。如果需要找他，則只能採取之前擘畫的「銀色子彈」措施——這套方法能讓各方不以直接的訊息來往，卻又聯絡得到人。

這樣可以有效抵擋當局或任何人想弄清艾德瑞安下落的企圖，但也表示群龍無首。自由朝鮮一直是靠著艾德瑞安毫不放棄建立網絡，一步步辛苦建立起來的。許多成員都獨立運作，根本不知道其他人的情況。如果把艾德瑞安從這結構中移除，則組織本身的運作就戛然而止。艾德瑞安後來告訴一個朋友，其他幾項進行中的營救計畫基本上也停止了。

在危機的最初幾天，組織的沉默深深傷害他們。這表示，他們無法向世人說明自己究竟是誰。由於缺乏現身說法，只有自由朝鮮網站上的高尚修辭，因此稱他們為暴力攻擊者的論調就在媒體的敘事中得到鞏固。他們是匿名人士、有聽起來很高尚的目標、行為是間諜電影的翻版——這些事實真要說起來，對他們也弊大於利。在資訊真空的環境，評論者和觀察者認為他們是外國政府魁儡的想法就被視為不只有可能，而且可能性還很高。

過了一段時間之後，我和這團體中的一些消息人士取得聯繫。在和自由朝鮮的成員討論時，他們幾乎都提到克里斯多夫遭逮捕與艾德瑞安消失是必須承擔的悲劇命運。他們自認受到美國政府背叛，因此深深為其所苦，而他們有苦難言，也都知道說出來會危害到其他成員與他們所營救的人。

那些和我談話過的自由朝鮮成員，起初都預測艾德瑞安在最極端的情況下，也只需要在「地下」狀態躲個幾週或幾個月。正如克里斯多夫所想，一定會有人明白這是嚴重的誤會。自由朝鮮的成員相信，理性終究會勝出，總有個掌權者會明白這誤會有多大，導致那些自我犧牲、心懷善意卻不切實際者得面對數十年牢獄之災。這是樂觀主義的偏見。

他們認為，遲早有人會明白是徐燕石要求營救，即使從西班牙方面提出的證據中看不出來。世界上怎麼會有一群韓裔美國人與南韓人選擇在西班牙的北韓大使館，冒著賭上一切的風險，真的去綁架使館商務專員？難道還有比這更危險、更荒謬的事情嗎？

不過，他們錯了。沒有人站出來——沒人想接下這燙手山芋。就像二〇〇六年在中國的情況，艾德瑞安沒先請示就兀自行動，結果就是無法獲得庇蔭——沒有保護者。像克里斯多夫這樣跟著計畫走的人，一定以為行動無懈可擊，事實上卻漏洞百出，出問題時根本一點防護都沒有。若北韓學生在那晚遇見了千里馬的人——他們只差幾分鐘就相遇——雙方可能會爆發嚴重衝突。千里馬的成員可能會被殺，也可能在西班牙的街道上就被逮了送進大牢。

即使有力人士一眼就看得出，稱艾德瑞安是「持有武器的危險人物」根本不對，恐怕也無法挺身而出幫千里馬說話。這次行動太過火，竟然入侵大使館、偽造槍枝，還被指控為暴力行為。艾德瑞安的律師沃洛斯基曾在福斯新聞上現身，盡量簡潔有力解釋這群人的來龍去脈，但沒有辦法站得住腳。

塔夫茨大學弗萊徹學院（School at Tufts University）的李晟允（Sung-Yoon Lee）教授曾和艾德瑞安保持聯絡，也曾邀請他到課堂上演講，是少數公開力挺這個團體的人。他解釋，自由朝鮮的行動勇敢無畏，更重要的是，確實很有影響力。他告訴訪談者，他們透過大白天進入大使館這樣的任務，以及營救金韓松的行動，粉碎了金氏政權全知全能的形象。

他也在《洛杉磯時報》投書，主張美國不該把自由朝鮮的成員引渡到西班牙。「如果就這起事件，美國接受的說法基本上採納了北韓版本，那實際上就是在護衛金氏政權，」他寫道，「這給平壤的訊息是，即使是世上最大的自由民主捍衛者，也不會管平壤政權犯下何等嚴重的罪行。」

二〇一九年六月二十五日，這個團體做了最後一次努力，想改變輿論風向。查爾斯．柳是北韓人，曾被拍到進入馬德里大使館。他在福斯新聞的網站上以化名寫下證詞，提及自己的生活與這次的事件。自由朝鮮的成員在二〇一九到二〇二〇年都認為，藉著吸引福斯新聞的觀眾，最能有效影響川普政府，讓政府進行政治介入。

「當我得知反對北韓政權的團體自由朝鮮臨時政府存在時，心裡深感喜悅，也覺得鬆了口氣，」他寫道，「我終於發現，有一群人認為得親自出馬，阻擋我家鄉違反人性的罪行。」

他描述第一次以脫北者身分進入大使館，以及他如何搗毀金日成與金正日的肖像。更重要的是，他說明他們如何在那邊協助一名外交人員叛逃。

「我們冒著極大風險要幫助其他人獲得自由。為何美國和西班牙要懲罰我們？」他問。

二〇二〇年十二月，全球依然在COVID-19疫情中苦苦掙扎，這時我終於有機會以Zoom和克里斯多夫見面。我們之後會有漫長的討論，多半是在深夜進行，而這就是第一次。

我對他的印象是來自照片，以及過去讀了那些對他不利的訴訟案件。起初，我不敢相信他的個性和我的印象差距這麼大。他所訴說的故事幾乎都有感性與動人的一面。這次經歷讓我馬上得到啟示，並且也凸顯出目前的所有報導中，關於自由朝鮮的公共形象錯得有離譜。

克里斯多夫向我解釋，自由朝鮮的所有作為比較像是新創公司，而非地下氣象員（Weather Underground）[2]或紅軍派（Baader-Meinhof）[3]之類的武裝偏激分子。他解釋，自由

2 註：美國極左派組織，目標是以暴力革命推翻美國政府。一九七七年解散。

3 註：德國左翼恐怖組織，一九九八年解散。

朝鮮沒有任何流氓、異議分子或極端分子；這些「孩子」都是好心人（chakhae）——這個韓文語詞是用來形容善良、不挑釁，不會惹麻煩的乖寶寶。事實上，他們在安排北韓人的營救事宜時，還同時在杜拜策畫小型電動機車新創公司。

克里斯多夫的個人故事及他和家人的強烈連結，也令我深深感動。他會涉入這次事件，怎麼看都是悲慘的錯誤，但即使面臨引渡的威脅與西班牙刑事審判的不妙前景，他似乎沒有偏離正軌。而同時，他的人生也因為這事件而遭到蹂躪。在西班牙事件發生後，正在起步的飲食新創公司，就因為他人在監獄而停擺，最後也搞砸了，而他整個人生完全陷入一團亂。

在整個二〇二一年，我密切追蹤克里斯多夫的訴訟案，並在網路新聞媒體BuzzFeed中寫下一篇關於他的文章。當時我覺得，羅森布魯斯法官幾乎找不到辦法，讓他不用被引渡，因為西班牙的條款似乎刀槍不入。但是她在法庭指出問題所在，並給予詳細的評論，顯示出她很努力避免克里斯多夫被引渡。

在二〇一九年聽證會之前，大量信件湧入法院，寄信者這麼做都是要擔保克里斯多夫的品格，其中包括為「為退伍軍人爭自由」的共同創辦人貝拉維亞，而法官表示，克里斯多夫顯然是個「可敬的好人」。

他的妻子葛瑞絲也寫了一封感人的信給法官，談到他們多孝順父母，以及克里斯多夫絕不會逃跑，因為他承諾要一輩子好好照顧母親與外祖母。她還講了一則故事，盼能更清楚傳達克里斯多夫的善良本性：

我記得去年冬天特別冷……他對一位總在我家附近勞夫斯（Ralphs）超市外的街友很友善。有天夜裡很冷，我們看見那位街友昏了過去，全身抖得厲害。我們設法把他叫醒，但他意識不清。為此，克里斯多夫衝回家，拿了幾條被子讓他裹著保暖。克里斯多夫跟商店要了紙箱，做出類似擋風遮板的東西，並在他口袋裡留了些錢。這是真正的克里斯多夫．安。他是渾身充滿愛、慷慨、榮耀與服務熱忱的大個子，有顆溫柔的心靈。

二〇二一年，羅森布魯斯法官表現出明顯跡象——她相信克里斯多夫的故事，以及這群人無私利他的本質。在五月二十五日的聽證會上，奧托．瓦姆比爾的父母甚至搭機前來聲援，如果有機會的話，甚至會代他發言。塔夫茨大學的李教授則以專家證人的身分發言。

在和聯邦檢察官來回爭論是否立刻將克里斯多夫引渡到西班牙之際，法官更擴充表達出一己之見，也表示她必須做的決定顯然帶有矛盾：

大家都知道，過去那些地下鐵路的成員曾遭到起訴，也知道過了一百年之後，那些人得到褒獎。我只是——我不知道。我會遵守法律，因為我必須遵守。我會研究這些案件——我曾誓言這樣做，以後也會，並提出我認為法律所准許的結果。但我必須說，我不了解這次是怎麼回事，眼前的情況似乎不符合正義。

到了五月二十五日，法官尚未做出裁決，引渡案從來沒有拖延這麼久過。若她最後確實判定要引渡，克里斯多夫可以上訴。即使他輸了，仍可以遊說執行機構不執行，這過程可能花上好幾年。西班牙當局依然在公開主張中堅持立場，說要在西班牙法庭審判這些人。

至於艾德瑞安與山姆，這兩人在二〇一九年就躲藏起來，他們的故事就留待未來的某天再訴說。他們躲政府當局，甚至躲最親密的朋友，而我和這些機構與友人一樣，找不到他們在哪裡的蛛絲馬跡，也不了解他們這將近三年來怎麼有辦法生存下來。

我確實聯絡到一個人，那人或多或少知道他們從加州的家消失蹤影之後的情況。這人以匿名為條件與我談話；他告訴我，這兩人因為無法和自己愛的人聯絡而吃了很多苦。之所以不敢和他們所愛之人聯絡，是害怕洩漏自己的位置，也怕所愛的人成為箭靶。

艾德瑞安的孩子現在是會說話走路的幼兒了，但從出生以來，大多時間他都沒見過父親。

結語　代價

新莫爾登，英國
二〇二二年二月

有一天，我正在為這本書的報導收尾時，決定開車到南倫敦的新莫爾登（New Malden）。這一帶的大街上韓式餐館與商店林立，有倫敦的「小韓國」之稱，也是非營利組織「連結：北韓」（Connect: North Korea）的所在地——這組織協助脫北者在遠離凡事都要監視的金氏政權之後，展開新的生活。新莫爾登曾經是南韓與日本之外，全球脫北者人數最多的地方。在二〇〇〇年代中期，這一帶曾有多達七百位脫北者，人數達到巔峰。但後來幾年，許多人分散到英國與世界各地，現在只剩三百人。

這個組織的創辦者是蘇格蘭人麥克．葛蘭德寧（Michael Glendinning），他曾在首爾協助過北韓人，後來著手成立這個組織。他在大學時期主修英文，畢業後曾到首爾，想找機會看一看世界上另一個角落。後來，他開始和北韓人合作，而他們在家鄉的艱苦故事讓他震驚不已。金氏政權有系統地讓人民一輩子飢餓疲憊，聽起來宛如反烏托邦小說。他也很訝異：南韓人竟然不喜歡談論這個主題。

葛蘭德寧回到倫敦後成立組織來幫助在英國的脫北者，亦即日後的「連結：北韓」，也成立更強力的姐妹組織「韓國未來」（Korea Future）。後者調查金氏政權對北韓人犯下的罪行，還提倡以嚴厲的懲罰對抗金氏政權。

我想知道像葛蘭德寧這樣的人感受會不會和艾德瑞安一樣。在倡議多年之後，他覺得有任何進展嗎？他是否也想採取更直接的行動，好讓北韓人有生之年就經歷到更好的人生？

幾個星期前，我曾和尼可萊・史普雷克斯（Nicolai Sprekels）談話。這位德國非營利組織薩蘭（Saram）的主席告訴我一個驚人的數字；他就是用這個數字時時敦促自己要更努力。在任何一個時刻，北韓約有十萬到十二萬人身處政治囚營中，其平均餘命介於六到七年。這數字具體呈現了金氏政權的殘暴。

史普雷克斯提倡北韓人權已有大約九年，這表示在此期間，至少有十萬人喪命。「你沒辦法真正感覺到、也不知道那是什麼意思，」他告訴我，「我們距離這些違反人性的罪行太遠了，對年輕一代來說尤其如此。」

在葛蘭德寧看來，死亡只是整體情況的一部分。新莫爾登的北韓人因為自己的經歷，有很嚴重的倖存者罪惡感與創傷。他們常對無法幸運逃脫的父母、手足、家族親戚及朋友的命運，表現出沮喪感。

他承認，這一行有很多人感到非常疲憊無力，因為改善北韓人生活是很宏大的目標，又缺乏進展，而全世界還是把焦點放在金正恩與他的核武上。

葛蘭德寧在二〇〇〇年代曾於倫敦某個會議中遇見艾德瑞安，記得他在一次閉門會議中是個熱情的講者。他了解艾德瑞安會想付出更多，即使他不苟同艾德瑞安所採取的途徑。

「我一直會回到一個主題上：採取維護人權的立場很重要，即使無法立竿見影，」他說，「你得把焦點放在世界上最糟的狀況。若在最糟狀況下無法維護人權，那就全盤皆輸。」

在開始撰寫本書時，我的目標曾是回答一個簡單的問題：艾德瑞安・洪是誰？就我對他及自由朝鮮的理解，他的性格輪廓尚未有完整的界定。

關於艾德瑞安的動機，有個觀點很具說服力。提出這種觀點的是協助本書研究的記者金秀彬（Soobin Kim，音譯）；她曾短暫在艾德瑞安創辦的自由北韓實習，只是那時艾德瑞安早已離開那個組織。

就在我即將完成本書時，金秀彬寄了訊息給我，她談到讀完這份近完成的書稿後自己的觀點。她從故事中察覺到某種要素，那是我在自己的經歷中沒想過的，但回想起來她的說法似乎挺正確。她寫道，艾德瑞安對於公民身分的感覺並不踏實——他持有墨西哥護照，卻在美國文化中成長，外表又是韓國面孔（但多數韓國人也不把他當成韓國人）。不過，他為這份理想付出，讓他有能力推動三個國家變革，而不只是一個國家。他會前往白宮，見到這個國家的政治人物，但他連這個國家的投票權都沒有。當然，要他把美國史當成自己的歷史很不容易，因為這國家的歷史幾乎完全屬於黑人與白人，因此我認為他轉而面對韓國史。我相信這為他的生命帶來意義與目的感……也認為這成了他破碎身分認同的替代品。

艾德瑞安對北韓的投入極深，是因為破碎的身分認同而受到催化，或是由其他因素所造成，恐怕有待思考，但這歷程中有個層面我能感同身受。我會想要訴說艾德瑞安的故事，部分因素是自己內心也有一股難以抗拒的渴望，想做點比正職之外還要宏大的事——相信許多人心有戚戚焉。艾德瑞安和其他自由朝鮮的成員確實冒著很大的個人風險，做了這方面事情；我覺得相當崇拜，即使他們的策略本身有值得批評之處。他們得逃跑，甚至面臨牢獄之災，而這些事在我看來著實是赤裸裸的不公不義。

二〇二二年三月，另一則訊息出現，那時的我就要完成這本書了，正準備為內容畫下句點時，世界又因為一場戰爭而虛耗大量的力氣。引發這次戰爭的，是當今世上另一個獨裁者——在弗拉迪米爾・普丁（Vladimir Putin）的命令下，俄羅斯入侵烏克蘭。

克里斯多夫從加州監獄保釋出來，過著不確定的生活，也尚在等待引渡案的判決。這時他聯絡我，以很深刻的訊息談及這次衝突，讓我感到強烈共鳴。我想，許多人都認為，應該要對如此駭人的攻擊百姓暴行**有所作為**，而克里斯多夫的訊息應會引起這些人的共鳴：

嘿，布萊利，我想跟你說件事。許多人最常對我提出一種問題與批評：「你幹嘛扯進這件事？」對絕大部分的人來說，他們就是不明白。為什麼要理會遠在千里之外、素未謀面的人，只因為他們是韓國人？

我試著解釋，但大部分的人就是無法理解。

但現在……烏克蘭出了這樣的事情……我想大家會漸漸明白。

剛讀到《紐約時報》的文章，裡面提到美國退役軍人自願到烏克蘭參戰，而他們在解釋原因時，幾乎就和我涉入北韓相關事情的原因一樣。

此外，我認為白人看到像他們一樣的人經歷到這麼糟糕的極端狀況，也會感同身受、想做些什麼，這一刻同理心就出現了。大家會了解為什麼我這樣的人，會自願幫助看起來和我一樣的人，要讓他們別再經歷嚴竣的悲劇。

就這樣。

在寄給我那則訊息之後，過了兩個月，克里斯多夫收到壞消息。克里斯多夫提出不引渡西班牙的請求，是由聯邦治安法官珍．羅森布魯斯法官審理，而她最後做出不利他的裁決。

這裁決並不表示克里斯多夫會馬上被送到西班牙監禁。他仍可要求高等法院再審，只是西班牙司法體系的爪子正步步逼近。

雖然羅森布魯斯法官的裁決不利克里斯多夫，但她的決定有值得注意之處。她以相當個人化且痛心的語言，對克里斯多夫的命運表達不捨。她感嘆自己在這個案件中缺乏力量，並呼籲高等法院：要對在國外面臨刑法訴訟與引渡要求的美國公民提出新判例，並以新裁決推翻她原有的裁決。她暗指克里斯多夫一旦離開美國，就可能面對未知命運，包括北韓可能設法在西班牙國土上暗殺他。

「雖然我的結論是在法律要求下，做出我可擔保的事，但我不認為這是正確的結果。我希望高等法院能指出我錯了，或由高等法院來阻擋引渡，」羅森布魯斯法官寫道，「沒錯，克里斯多夫是該面對某種法律懲處，因為他確實可能違反法律條文。不過，他不應該被扔到暴君手中，面對未知的命運，或許還會被犧牲，以利外交政策的隱密企圖。若我認為我有能力，我就會要求克里斯多夫的所有審判都在美國進行，我希望裁決克里斯多夫案件的，是能負責修改法律的法官，而不是只一味遵守的法官。」

在這項判決的結語中，羅森布魯斯法官引用了辛蒂・瓦姆比爾的話語。她就是奧托・瓦姆比爾的母親，曾在前一次聽證會中發言支持克里斯多夫。

「辛蒂・瓦姆比爾說，克里斯多夫需要『女強人』來『對抗北韓』。如果從權力而不是意志的角度來看，我恐怕力量薄弱，無法讓他不受來自那邊緣之國的酷刑與暗殺脅迫。」

我最後有種感覺：關於艾德瑞安、克里斯多夫與自由朝鮮的整個故事，散發出一股童話感。在這整個過程中蘊藏著人類社會與人性的基本要素。如果把所有細節放一邊，這經歷所叩問的事情很深層：人能不能改變這個世界？到底需要什麼，才能改變世界？

多年來，艾德瑞安對我和其他人說的許多話語，都能深入這問題的核心。有一回，他曾告訴我，美國夢本身是虛構的，但他還是相信美國夢那足以改變生命的力量。他常談到，無論是新創公司變成企業巨擘，或是行動主義引發起義，一切都是從「信仰」這種行為開始：相信沒有任何事是大到無法達成的。你對艾德瑞安或許欽佩，或許認為他矯揉造作，甚至危險，無論如何，你都無法否認他的信念具備某種強而有力的元素。至於他是否以自己的地下組織創造了什麼不同，則需要很長一段時間才會完全知道答案。

致謝

本書封面只有一個署名，但其實多虧足跡遍及世界各地的人同心協力，才得以成書。

我一直想先感謝一些人，他們許多都不具名，卻給了我時間與信任，讓我訴說艾德瑞安・洪、克里斯多夫・安與自由朝鮮的故事。消息來源人士是新聞界的無名英雄，我有些消息來源更是承擔極大的風險來協助我更加理解他們的故事。

二〇二一年，我和多年來老友暨合作夥伴湯姆・萊特（Tom Wright）離開《華爾街日報》，建立新聞界的新創公司「大無畏計畫」（Project Brazen）。他的著作是公司最早推出的兩本書之一，所有收入都投入了啟動公司營運、聘用職員，以及「訴說故事」的事業。謝謝湯姆評閱這本書的部分書稿，無時無刻不吝惜他對我的友誼與支援。也深深感謝公司的顧問Stefano Quadrio Curzio與David Giampaolo。

Paul Whitlatch是才華洋溢的編輯，曾負責湯姆與我在二〇一八年的第一本著作《鯨吞億萬》，以及我與賈斯丁・謝克（Justin Scheck）共同寫就的第二本書《成王之路》。他說服我在短短六年間就出版第三本書。Whitlatch原本在阿歇特出版社（Hachette）任職，目前在蘭登書屋旗下的王冠出版（Crown），有了他的引導與編輯，促成湯姆與我踏上原本沒料想到的新道路。我們要獻上深深的感激，希望未來能進一步合作。

謝謝王冠出版的Katie Berry、David Drake、Gillian Blake、Annsley Rosner、Stacey Stein、Dyana Messina、Sierra Moon、Melissa Esner、Julie Cepler、Mark Birkey與Amelia Zalcman。

在COVID-19大流行期間撰寫本書，是相當獨特的挑戰，但我有幸獲得不同地理區的優秀記者與研究者協助。即使我無法像以前的正常時期那樣大範圍旅行，所幸靠著他們的貢獻，我的工作便得以往前推進。多虧以下人士的卓越研究與報導，這本書才能夠完成：倫敦記者金秀彬、耶魯大學學生兼記者Mackenzie Hawkins、大無畏計畫的研究主管Lucy Woods，以及後來加入《華盛頓郵報》的Grace Moon所進行的研究。這些人的協助讓新聞更具深度，而提供的細節也讓故事更生動。

認識艾德瑞安的塔夫茨大學李晟允教授，以及首爾NK News的創辦人Chad O' Carroll都是我在報導與反思自由朝鮮時，經常請教的顧問。

最重要的是，謝謝我的妻子Farah，她總是對我信心滿滿，幫助我看到世界的繁複光彩。她有如拱門上的拱心石。

照片來源

001　博尼塔維斯達高中提供
002　博尼塔維斯達高中提供
003　安德魯・卡巴雷洛－雷諾茲（Andrew Caballero-Reynolds）／Getty Images
004　貝特曼（Bettmann）／Getty Images
005　共同通訊社（Kyodo News）／Getty Images
006　金源鎮（Kim Won Jin）／Getty Images
007　康克提供
008　艾德瑞安家人提供
009　路卡斯・席佛列斯（Lucas Schifres）／Getty Images
010　《華盛頓郵報》（*The Washington Post*）／Getty Images
011　艾德瑞安家人提供
012　艾德瑞安家人提供
013　班傑民・洛伊（Benjamin Lowy）／Getty Images
014　克里斯多夫家人提供
015　克里斯多夫家人提供
016　克里斯多夫提供
017　《朝日新聞》／Getty Images
018　金英哲（Jung Yeon-Je）／Getty Images
019　Handout工作室／Getty Images
020　賈維爾・索里雅諾（Javier Soriano）／Getty Images
021　取自法院文件
022　取自法院文件
023　取自法院文件
024　菲爾・張（Phil Cheung）提供

關於作者

布萊利·霍普（Bradley Hope）現居倫敦，是紐約時報暢銷書《鯨吞億萬》與《成王之路》的共同作者。曾入圍普立茲獎決選名單，也是財經記者最高榮譽羅布獎（Gerald Loeb Award）得主。擔任過《華爾街日報》記者，曾經派駐中東，是新聞工作室與製作公司「大無畏計畫」（Project Brazen，暫譯）共同創辦人。

國家圖書館出版品預行編目資料

狙擊金氏王朝／布萊利．霍普(Bradley Hope)著；呂奕欣譯. -- 一版. -- 臺北市：臉譜出版，城邦文化事業股份有限公司出版：英屬蓋曼群島商家庭傳媒股份有限公司城邦分公司發行，2023.07
面；　公分. --（臉譜書房；FS0168）
譯自：The rebel and the kingdom : the true story of the secret mission to overthrow the North Korean regime.

ISBN 978-626-315-323-3（平裝）

1.CST：洪（Hong, Adrian）2.CST：人權組織
3.CST：傳記 4.CST：北韓 5.CST：美國

785.28　　112008163